池田大作先生の指導選集

幸福と平和を創《つく》る智《ち》慧《え》

第三部［中］

聖教新聞社

目　次

第三部　広宣流布と世界平和

第二十五章　師弟《してい》こそ創価の魂《たましい》……139

一、本書は、「大白蓮華」に連載された「池田大作先生の指導選集『幸福と平和を創る智慧』」（二〇一六年十一月号、十二月号、二〇一七年一月号、二月号、四月号、五月号、七月号）を、著者の了解を得て、『池田大作先生の指導選集　幸福と平和を創る智慧　第三部［中］』として収録した。

一、御書の引用は、『新編　日蓮大聖人御書全集』（創価学会版、第二六六刷）を（御書〇〇ページ）で示した。

一、法華経の引用は、『妙法蓮華経並開結』（創価学会版、第二刷）を（法華経〇〇ページ）で示した。

一、肩書、名称、時節等については、掲載時のままにした。

一、各章・各抜粋の冒頭には、説明文を付した。また、各抜粋には、スピーチの催しの名称・日付・場所を明記するなどした。

一、指針は、原文の一部を省略した箇所もある。また、対談は、対談相手の発言を略して、池田先生の一連の文章としてまとめている。

一、編集部による注は、（＝　）と記した。

——編集部

第三部　広宣流布と世界平和

第二十二章　広宣流布推進《すいしん》のための組織《そしき》

この章を読むに当たって

あるとき、池田大作先生は、組織《そしき》について悩んでいるという青年に対して、こう温《あたた》かく語り掛《か》けました。

「日蓮大聖人は『法華経の行者《ぎょうじゃ》の祈《いの》りのかな叶はぬ事《こと》はあるべからず』（御書一三五二ジペー）と断言《だんげん》されている。病苦《びょうく》であれ、経済苦《けいざいく》であれ、人間関係の悩《なや》みであれ、この信心で乗《の》り越《こ》えられないものはありません。しかし、いざ、自分の身に降《ふ》りかかると、つい疑念《ぎねん》や不信《ふしん》の生命が出てきてしまう。それを元品《がんぽん》の無明《むみょう》というんです。この無明の生命は、誰《だれ》にでもある。この元品の無明を打《う》ち破《やぶ》るには、励《はげ》まし合い、支《ささ》え合う同《どう》志《し》が不可欠《ふかけつ》です。善知識《ぜんちしき》の組織《そしき》が必要なのです。

学会の組織《そしき》は、一人一人を強くし、魔《ま》に打ち勝っていくためにある。一人で孤立《こりつ》していては、人間革命も広宣流布もできない。

今はわからなくても、学会と共《とも》に、同志《どうし》と共に、前進してごらん。学会の組織《そしき》のありがたさを深く感じる時が、必ず来るよ」

創価学会は、地域《ちいき》の地区・支部等の組織《そしき》をはじめ、各種《かくしゅ》の人材《じんざい》グループにおいても、座談会や協議会、教学の勉強会など、自行化他《じぎょうけた》にわたる、さまざまな活動を展開《てんかい》しています。

なぜ組織《そしき》が大切なのか。何《なん》のために組織があるのか――。

本章は、「広宣流布推進《すいしん》のための組織《そしき》」と題《だい》し、仏法の実践《じっせん》における組織の重要性《じゅうようせい》、また創価学会の組織の意義《いぎ》、さらに学会伝統《でんとう》の座談会について、池田先生の大切な指導《しどう》を収録《しゅうろく》しています。

22-1 善《よ》き友と進むのが仏道《ぶつどう》のすべて

ここでは、善《よ》き友と進むことの大切さを強調した釈尊《しゃくそん》の教えを通して、同志《どうし》と共《とも》に切磋琢磨《せっさたくま》していくなかに仏道修行《ぶつどうしゅぎょう》があり、自他《じた》共の成長《せいちょう》があると語っています。

池田先生の指針

「中国青年平和総会」（一九九五年五月七日、東京）

釈尊《しゃくそん》の弟子の一人に、阿難《あなん》がいる。ある時、釈尊に阿難が尋《たず》ねた。（『大正新脩大蔵経 2』、『南伝大蔵経 16上』参照）

「私が考えてみますに、私どもが善《よ》き友をもち、善き友と一緒《いっしょ》に進むことは、すでに仏道《ぶつどう》の半《なか》ばを成就《じょうじゅ》したに等《ひと》しいと思われます。この考え方は正しいでしょうか」

〝善《よ》き友をもつことが、仏道修行《ぶつどうしゅぎょう》の半《なか》ばを意味する〟――とは、あるいは、大《おお》げさに聞こえる表現《ひょうげん》かもしれない。実際《じっさい》、阿難《あなん》も、遠慮《えんりょ》がちに釈尊《しゃくそん》に聞いたのかもしれない。

しかし、釈尊《しゃくそん》は、こう答えた。

「阿難《あなん》よ、その考え方は、正しくない。善《よ》き友をもち、善き友と一緒《いっしょ》に進むということは、仏道《ぶつどう》の半《なか》ばではなく、仏道のすべてなのである」

同志《どうし》と一緒《いっしょ》に進み、一緒に苦労《くろう》することは、仏道《ぶつどう》の半《なか》ばでなく、すべてなのである。

この釈尊《しゃくそん》の心、仏法の精神《せいしん》を、そのとおりに実行してきたのがわれわれである。

皆《みな》と一緒《いっしょ》に進むことは、確《たし》かに面倒《めんどう》な時もあろう。たいへんな時もある。一人で好《す》き勝手《かって》に生きるほうが気楽《きらく》であるにちがいない。

しかし、それでは、わがままになり、本当の仏道修行《ぶつどうしゅぎょう》はできない。いつしか必ず正しき仏道《ぶつどう》から外《はず》れてしまう。結局は、孤独《こどく》で、わびしい苦悩《くのう》の境涯《きょうがい》になってしまおう。

さまざまな人がいるなかで、さまざまな苦労《くろう》を経験《けいけん》しながら、一緒《いっしょ》に進もう、一緒に成長《せいちょう》しようと励《はげ》まし合っていくところに、切磋琢磨《せっさたくま》があり、仏道修行《ぶつどうしゅぎょう》がある。

ここに本当の人間の道があり、本当の自由がある。

22-2 創価学会は「善知識《ぜんちしき》」の集《つど》い

人を善《ぜん》に導《みちび》き、仏道《ぶつどう》の実践《じっせん》に向かわせる働《はたら》きを「善知識《ぜんちしき》（善《よ》き友）」といいます。創価学会の組織《そしき》こそ、この「善知識」の集《つど》いであると強調しています。

池田先生の指針

「豊島、台東、墨田、目黒区合同総会」（一九八七年十二月十二日、東京）

学会の組織《そしき》は、どこまでも広宣流布の推進《すいしん》のためにある。また一人一人の信心の〝成長《せいちょう》〟と〝成仏《じょうぶつ》〟への軌道《きどう》をささえ、守りあっていくためにある。

その意味で、広布の組織とは数限《かずかぎ》りない「善知識《ぜんちしき》」の集《つど》いであるといってよい。

大聖人は「三三蔵祈雨事《さんさんぞうきうのこと》」（御書一四六八ページ）で、冒頭《ぼうとう》から「善知識《ぜんちしき》」の必要性《ひつようせい》を強調しておられる。

「夫《そ》れ木をうえ候《そうろう》には大風《おおかぜ》吹《ふ》き候《そうら》へどもつよきすけ《強扶介》をかひぬれば・たうれず、本《もと》より生《お》いて候《そうろう》木なれども根《ね》の弱《よわ》きは・たうれぬ」――木を植えた場合、たとえ大風が吹いたとしても、強い支柱《しちゅう》で介添《かいぞ》えすれば倒《たお》れない。反対に、もともと生《は》えている木であっても、根が弱いものは倒れてしまう――。

「甲斐無《かいな》き者《もの》なれども・たすくる者強《つよ》ければたうれず、すこし健《けなげ》の者も独《ひとり》なれば悪《あ》しきみちには・たうれぬ」――人間においても同じである。力弱《ちからよわ》くふがいない者であっても、助ける者が強ければ倒《たお》れない。逆《ぎゃく》に、少々壮健《しょうしょうそうけん》な者でも独《ひと》りであれば、悪い道では倒れてしまう――。

これらは道理である。だれ人も異論《いろん》はないにちがいない。仏法の教えはつねに、こうした万人《ばんにん》が納得《なっとく》せざるをえない〝道理〟の延長線上《えんちょうせんじょう》に説《と》かれている。このことをあらためて確認《かくにん》しておきたい。

すなわち成仏《じょうぶつ》の道においても、たとえ最初《さいしょ》は信心弱《よわ》き者《もの》であっても、強いささえを得《え》れば倒《たお》れない。反対に、なまじっか自分は信心が強いと思っていても、三障四魔《さんしょうしま》の吹《ふ》き荒《あ》れる悪路《あくろ》を一人で歩《あゆ》みとおすことは容易《ようい》ではない。そのために、どうしても同《どう》志《し》が必要である。善知識《ぜんちしき》が必要であり、信心の組織《そしき》が必要となる。

もちろん成仏《じょうぶつ》は一人一人の修行《しゅぎょう》であり、努力《どりょく》による。他《ほか》のだれをも頼《たよ》らず一人立って歩《あゆ》みきる覚悟《かくご》が必要である。組織《そしき》や同志《どうし》は、その個人《こじん》の修行を励《はげ》まし、啓発《けいはつ》しあうという意義《いぎ》をもつ。あくまでも個人の成仏の完成《かんせい》を助ける補助《ほじょ》の役割《やくわり》である。そしてまさに、この補助の役割であるがゆえに重要《じゅうよう》なのである。

さらに「されば仏《ほとけ》になるみちは善知識《ぜんちしき》にはすぎず、わが智慧《ちえ》なににかせん、ただあつき《温》つめたき《寒》ばかりの智慧だにも候《そうろう》ならば善知識たいせち《大切》なり」――ゆえに仏になる道は善知識にまさるものはない。わが智慧が何《なん》の役に立とうか。ただ暑さと寒さを知るだけの智慧だけでもあるならば、善知識を求《もと》めて近づくことが大切である――と。

仏《ほとけ》の道は甚深《じんじん》であり、その智慧《ちえ》ははかりがたい。それにくらべれば、どんなに賢《かしこ》く見えても凡夫《ぼんぷ》の智慧など、わずかなものである。ゆえに成仏《じょうぶつ》する道は正しき善知識《ぜんちしき》につく以外《いがい》にない。そうすれば、善知識の力《ちから》で、誤《あやま》りなき成仏への軌道《きどう》を進んでいけるのである。

大聖人が「わが智慧《ちえ》なににかせん」と仰《おお》せのごとく、どんな大科学者、大医学者も、自分の生命、人生を解決《かいけつ》できる智慧があるわけではない。また、大政治家、大富豪《だいふごう》であるといっても、絶対的《ぜったいてき》な幸福への法則《ほうそく》を知っているわけではない。にもかかわらず、皆《みな》、わずかばかりの「わが智慧《ちえ》」をたのみ、謙虚《けんきょ》な求道《きゅうどう》の心を見《み》失《うしな》う。ここに不幸《ふこう》の因《いん》がある。

知識《ちしき》イコール幸福ではなく、富《とみ》イコール幸福でもない。また地位《ちい》や名声《めいせい》イコール幸福でもない。わかりきっているようにみえて、この厳粛《げんしゅく》な事実に深《ふか》く鋭《するど》く目をこらす人は少ない。しかし、この一点にこそ、だれもが人間の幸福の精髄《せいずい》を明《あ》かした仏法を、真摯《しんし》に求《もと》めていかねばならない重要《じゅうよう》なゆえんがある。

そして仏法を求《もと》めるとは、具体的《ぐたいてき》にはすぐれた善知識《ぜんちしき》を求めることともいえよう。大聖人が「仏《ほとけ》になるみちは善知識にはすぎず」と断《だん》じておられるとおりである。

「善知識《ぜんちしき》」とは、本来、人を仏道《ぶつどう》に導《みちび》き入《い》れる〝善因縁《ぜんいんねん》の知識〟をいう。知識とは知人、友人の意味である。仏《ほとけ》、菩薩《ぼさつ》、二乗《にじょう》、人天《にんてん》を問《と》わず、人を善に導き、仏道修行《ぶつどうしゅぎょう》を行わせる、正直《しょうじき》にして偽《いつわ》りなき「有徳《うとく》」の者《もの》が善知識である。当然《とうぜん》、人界《にんかい》の私どももまた、立派《りっぱ》な善知識の働《はたら》きとなる。

善知識《ぜんちしき》の働《はたら》きには、修行者《しゅぎょうしゃ》を守って安穏《あんのん》に修行させ（外護《げご》）、またたがいに切磋琢磨《せっさたくま》しあい（同行《どうぎょう》）、さらに仏法の正義《しょうぎ》を教えて善行《ぜんこう》へ向かわせること（教授《きょうじゅ》）などがある。すなわち「勤行をしましょう」「会合に行きましょう」「御書を拝読《はいどく》しましょう」等々、広宣流布のほうへ、御本尊のほうへ、妙法と成仏《じょうぶつ》のほうへと〝指《さ》し導《みちび》く〟指導《しどう》者《しゃ》の皆《みな》さま方こそ、尊《とうと》き「有徳《うとく》」の善知識なのである。

学会は善知識《ぜんちしき》の集《つど》いである。信行《しんぎょう》を増進《ぞうしん》し、広布を伸展《しんてん》させる団体《だんたい》である。世界の民衆《みんしゅう》を正法《しょうほう》に導《みちび》き、成仏《じょうぶつ》への道を歩《あゆ》ませる重要《じゅうよう》な使命がある。

22-3 人間のための組織《そしき》

池田先生は、『青春対話』において、未来部・青年部に向けて、仏道修行《ぶつどうしゅぎょう》における組織《そしき》の重要性《じゅうようせい》について、さまざまな角度から、わかりやすく語っています。

池田先生の指針

『青春対話』

創価学会は、「広宣流布」という大目標《だいもくひょう》、すなわち仏法によって全人類《ぜんじんるい》を幸福にし、世界平和を築《きず》くという、崇高《すうこう》な大目的《だいもくてき》に向かって進む団体《だんたい》です。その目標は、一人が頑張《がんば》って達成《たっせい》できるものではない。社会のあらゆる立場で活躍《かつやく》する一人一人が団結《だんけつ》し、組織《そしき》をつくって初めて実現できるのです。

日蓮大聖人には六老僧《ろくろうそう》が、釈尊《しゃくそん》には十大弟子《じゅうだいでし》がいた。これも組織《そしき》です。組織をつくって、皆《みな》を成長《せいちょう》させ、守りながら、仏法を弘《ひろ》める戦いをされたのです。

組織《そしき》が最初《さいしょ》にあって、その中に人間がいるのではない。人間と人間の絆《きずな》が最初にあって、それを広げていって自然発生的《しぜんはっせいてき》にできたのが学会の組織です。だから、どこまでも、どこまでも「人間のために組織がある」。「組織のために人間がある」のではない。この一点を諸君《しょくん》は永久《えいきゅう》に忘《わす》れてはならない。そして一生涯《いっしょうがい》、不幸《ふこう》な人、悩《なや》める人の最大《さいだい》の味方《みかた》となって生きぬいてもらいたい。「人間のための組織」である創価学会を大事にし、尊敬《そんけい》し、支《ささ》え、発展《はってん》させていってもらいたい。これは私の遺言《ゆいごん》です。

人間の「善《ぜん》」の心を結集《けっしゅう》し、大きな価値《かち》を生むために組織《そしき》がある。善の心を結集し、より発展《はってん》させ、より強くするために、組織体《そしきたい》をつくり、神経《しんけい》を通し、血液《けつえき》を流す。組織がなければバラバラです。善の組織によって、人間は、より以上に善になるし、より以上に進歩できる。

人間を横に――脇道《わきみち》に、それさせないで、より以上に向上させていく。幸福の方向へ、成長《せいちょう》の方向へと正確《せいかく》に軌道《きどう》に乗せていく。そのために組織《そしき》がある。その意味で組織は手段《しゅだん》です。目的《もくてき》は、人間の幸福です。

創価学会は不思議《ふしぎ》な団体《だんたい》です。これほど清《きよ》らかな、これほど裏表《うらおもて》のない、これほど温《あたた》かく、麗《うるわ》しい世界は、ほかには絶対《ぜったい》にない。

諸君《しょくん》は社会の醜《みにく》さを知らないから、そのすごさがわからないかもしれない。しかし、私は断言《だんげん》しておきます。創価学会のような世界は、ほかにはありません。諸君のお父《とう》さん、お母《かあ》さんをはじめ、草創以来《そうそういらい》の先輩《せんぱい》が、傲慢《ごうまん》な人間にののしられ、バカにされながら、歯を食いしばって築《きず》いてきた「民衆《みんしゅう》の城《しろ》」です。

批判《ひはん》する人がいる。では、批判する人が代《か》わりに「絶対《ぜったい》に幸福になる方法《ほうほう》」を教えてくれるのか。そうではない。そうではないと知った民衆《みんしゅう》が、「幸せになろうね！」と励《はげ》ましあい、「不幸《ふこう》な人を救《すく》っていこう！」と団結《だんけつ》して、できあがったのが創価学会です。厳粛《げんしゅく》です。崇高《すうこう》です。民衆が民衆のために、民衆自身の力《ちから》でつくりあげた、最高の民主主義《みんしゅしゅぎ》の結晶《けっしょう》です。人間尊厳《そんげん》の大仏法を広宣流布している唯一《ゆいいつ》の団体《だんたい》は創価学会です。人類《じんるい》の希望《きぼう》の太陽なのです。ゆえに戸田先生は、「私の命より大切だ！」とおっしゃった。私も同じ気持ちだ。

◇

組織《そしき》がいやだからと言って、一人でいれば自由か。一人でいれば、自分を見失《みうしな》わないか。そうとは言えない。自分自身が勝手気《かってき》ままに生きるのは、本当の自由ではない。自由とは、正しい軌道《きどう》にのっとって生きるということです。地球が太陽の周《まわ》りを回る。少しでも軌道が狂《くる》えば破滅《はめつ》です。ロケットだって軌道にのっとっていけば、悠々《ゆうゆう》と大宇宙《だいうちゅう》の旅を楽しめる。これが自由です。

スポーツにもルールがある。軌道《きどう》がある。ルールを勝手《かって》に破《やぶ》るのが自由か。そうではない。ルールにのっとって自在《じざい》に技《わざ》を駆使《くし》できるのが自由です。

ともあれ目標《もくひょう》がなく、自分勝手《じぶんかって》の人生は、自暴自棄《じぼうじき》の人生になってしまう。組織《そしき》には、さまざまな人がいる。だからこそ、刺激《しげき》を受けて成長《せいちょう》ができる。スポーツでも、一人で練習しているだけでは、自分の実力《じつりょく》は、なかなかわからない。大勢《おおぜい》の人のなかで、もまれてこそ成長がある。

皮がついた真《ま》っ黒《くろ》のサトイモも、盥《たらい》の中に入れて、かきまぜると、だんだん、みんな皮がむけて、ピカピカに光ってくる。人間をイモにたとえると失礼《しつれい》かもしれないが、人間も人間関係のなかでしか磨《みが》かれないのです。

「一人でいる」のは、いいようで、自分だけの世界に小さく固《かた》まってしまう。組織《そしき》の中にいないと、多くの人が見えなくなる。そして、自分の存在《そんざい》がわからなくなる。

また、組織《そしき》がないと、烏合《うごう》の衆《しゅう》であり、自分勝手《じぶんかって》になってしまう。羅針盤《らしんばん》のない船が、大海原《おおうなばら》を航海《こうかい》するようなものです。結果《けっか》は、迷子《まいご》になるか、難破《なんぱ》する以外《いがい》にない。

◇

組織《そしき》は「方便《ほうべん》（仮《かり》の手段《しゅだん》）」です。完全《かんぜん》ではない。私も若《わか》き日に当時の組織の雰囲気《ふんいき》になじめなかった。当時の学会は文化性も何もなくて、どうしても好《す》きになれなかった。

そういう心を戸田先生は見抜《みぬ》かれて、私に、こう言ってくださった。「それならば、大作、お前が本当に好《す》きになれる学会をつくればいいではないか。うんと苦労《くろう》し、真剣《しんけん》に戦って、お前の力《ちから》で、理想的《りそうてき》な学会をつくれ！」と。

学校、家庭でも同じです。学校という組織《そしき》にいるのだから、「学校のなかを、より向上させていこう」。家庭という組織にいるのだから、「家庭をより向上させていこう」という心が大事だ。これらは道理であり、その道理に立った法《ほう》が仏法です。「全部、自分が変えていくんだ」――その主体性《しゅたいせい》こそ仏法の生き方です。この仏法を知るために、また知らせていくためにできたのが、広宣流布の組織です。

22-4 境涯《きょうがい》を広げるには

ここでは、自身の境涯《きょうがい》を広げていくためには、多くの人の中で、組織《そしき》の中で切磋琢磨《せっさたくま》し、自分の生命を磨《みが》いていくことが大切であると語っています。

池田先生の指針

「本部幹部会」（一九九七年七月九日、東京）

「境涯《きょうがい》を広げる」には、どうすればいいか。それには「人間関係を広げる」ことである。

組織《そしき》を嫌《きら》い、だんだん閉鎖的《へいさてき》になり、一人になり、それで自由だと思っている――

こういう人は、どこか調子が狂《くる》ってくる場合が多い。

大事なのは「人間と人間のつながり」である。「人間と人間の打ち合い」である。内外の多くの人々と結《むす》び合い、つき合っていくことである。その人は、その分《ぶん》だけ生命が広がる。豊《ゆた》かな人生になる。

タゴールは言う。

「人間は孤立《こりつ》すると、自己《じこ》を見失《みうしな》う。すなわち人間は、広い人間関係のなかに、自《みずか》らのより大きく、より真実な自己を見出《みいだ》すのである」（『人間の宗教』森本達雄訳、レグルス文庫）

孤立《こりつ》すると自分を見失《みうしな》う。広い人間関係の中にこそ「より大きな自分」を見つけられる――タゴールの考えは仏法に通じる。学会の理念《りねん》に通じる。

会合で話すだけの幹部《かんぶ》。組織《そしき》の機構上《きこうじょう》の幹部。それだけでは本当の幹部のあり方ではない。

そうではなく、自分自身が「人間として」どう成長《せいちょう》するか、「人間として」どう大《おお》勢《ぜい》の人の面倒《めんどう》をみるかである。多くの人と誠実《せいじつ》に接《せっ》するがゆえに幹部《かんぶ》なのである。

人と接《せっ》しない人は、自分に閉《と》じこもり、わがままになり、小さな考えになり、自己《じこ》中心《ちゅうしん》になりがちである。要《よう》するに、組織《そしき》を嫌《きら》う人は薄情《はくじょう》なのである。そこに慈悲《じひ》はない。切磋琢磨《せっさたくま》もない。

ゲーテは言う。

「他人《ひと》を自分に同調《どうちょう》させようなどと望《のぞ》むのは、そもそも馬鹿《ばか》げた話だよ」「性《しょう》に合《あ》わない人たちとつきあってこそ、うまくやって行くために自制《じせい》しなければならないし、それを通して、われわれの心の中にあるいろいろちがった側面《そくめん》が刺激《しげき》されて、発展《はってん》し完成《かんせい》するのであって、やがて、誰《だれ》とぶつかってもびくともしないようになるわけだ」（エッカーマン『ゲーテとの対話 上』山下肇訳、岩波文庫）

自分の言うことを聞かない人、自分と反対のことを考える人を避《さ》けてはいけない。そういう人と調和し、納得《なっとく》させていってこそ修行《しゅぎょう》である。

それでこそ、全体が前進できるし、自分が成長《せいちょう》する。どんな人物と差《さ》し向《む》かいで会っても、びくともしない自分になれる。

私も、世界中の指導者《しどうしゃ》と語り合ってきた。それだけの力《ちから》ができてくるのである。

一人でも多くの人と語った人が勝利者《しょうりしゃ》である。人の面倒《めんどう》をみてあげた分だけ、勝利である。いろんな人々と、がっちりギアをかみ合わせて、広宣流布へと向かわせてあげた分だけ、自分が勝つ。

22-5 民衆《みんしゅう》の善《ぜん》なる力《ちから》の結集《けっしゅう》を

広宣流布を進めるうえで組織《そしき》の重要性《じゅうようせい》に着目《ちゃくもく》した初代会長・牧口常三郎先生、第二代会長・戸田城聖先生の先見《せんけん》を踏《ふ》まえながら、生命の尊厳《そんげん》を否定《ひてい》し蹂躙《じゅうりん》する悪の働《はたら》きと戦いゆくSGI（創価学会インタナショナル）の連帯《れんたい》の深き使命を語っています。

池田先生の指針

「本部幹部会」（一九九四年十一月十二日、東京）

牧口先生が、入信《にゅうしん》されたのは昭和三年（一九二八年）。五十七歳の時である。戸田先生も、同じ年、牧口先生に続いて入信されている。当時、二十八歳の青年であられた。また、この年は、私が生まれた年でもある。

牧口先生は『創価教育学体系』の中で、こう記《しる》されている。

「法華経の信仰《しんこう》に入《はい》らなかったならば、余《よ》が善良《ぜんりょう》なる友人知己《ちき》のように、なるべく周囲《しゅうい》の機嫌《きげん》を損《そこ》ねぬように、悪い事は見ても見ぬ振《ふ》りをし、言いたいことも控《ひか》え目《め》にして、人に可愛《かわ》いがられなければ損《そん》であるという主義《しゅぎ》を守っていられたであろう」

「けれども誰《だれ》も彼もが皆《みな》この賢明《けんめい》なる主義《しゅぎ》であったなら、国家社会はついにどうなるべきであろう」(「教育改造論」、『牧口常三郎全集 2』東西哲学書院)

他人との衝突《しょうとつ》を避《さ》け、悪を見て見ぬふりをする、事《こと》なかれ主義《しゅぎ》。だれもが皆《みな》、この姿勢《しせい》で、ずるがしこく、〝上手《じょうず》に〟立ち回るようになれば、社会はどうなるか。

悪人がどんどんはびこり、善人《ぜんにん》が迫害《はくがい》される社会になってしまう。仏法者として、それを放置《ほうち》することはできない——。ゆえに、先生は、「善《ぜん》の戦い」すなわち「悪との戦い」に、決然《けつぜん》と立ち上がられたのである。「悪への挑戦《ちょうせん》」を開始されたのである。

〝悪を見て、放置《ほうち》してはならない〟――これが、真実の仏法の教えだからである。

「悪人は結託《けったく》する」――牧口先生は、こう喝破《かっぱ》された。

悪人は何かしら弱みをもっており、孤立《こりつ》していては安心できない。ゆえに、他人と共同《きょうどう》し、とくに強者《きょうしゃ》の保護《ほご》のもとで、その身を守ろうとする、と。また共通《きょうつう》の敵《てき》に当《あ》たるために、たやすく結束《けっそく》をする、と。

〈「悪人は孤立《こりつ》しては安心してはいられないほどに生存上《せいぞんじょう》の欠陥《けっかん》をもっているがために、たちまち他人と共同《きょうどう》し、ことに強者庇護《きょうしゃひご》のもとに在《あ》って、その身を防御《ぼうぎょ》しようとするのである」「犯罪者《はんざいしゃ》は何処《いずこ》にあっても、常《つね》に戦々兢々《せんせんきょうきょう》として発覚《はっかく》を怖《おそ》れるがゆえ、共同の敵《てき》に当《あ》たるためには、容易《たやす》く結束《けっそく》をなしてそれにともなう窮屈《きゅうくつ》や圧迫《あっぱく》を忍《しの》ぶ」(「教育改造論」)〉

いつの時代も変わらぬ悪の方程式《ほうていしき》を、牧口先生は見抜《みぬ》かれていた。現代にも通じる、牧口先生の「哲学《てつがく》」であり、「予見《よけん》」である。先生は、まことに不思議《ふしぎ》な、偉大《いだい》な方であられた。

しかし、「悪人たちの結託《けったく》」に対して、善良《ぜんりょう》な人は、なかなか力《ちから》を合わせることができない。それはなぜか。
「善人《ぜんにん》は自分に弱味《よわみ》のないので、孤立《こりつ》して対抗力《たいこうりょく》を形成《けいせい》することをしないから圧迫《あっぱく》され勝《が》ちである」（「小学校長登用試験制度論」、『牧口常三郎全集 8』第三文明社）
つまり、善人《ぜんにん》は悪人と違《ちが》い、自分に弱みがないので、わざわざ団結《だんけつ》しようとしないというのである。その結果《けっか》、どうなるか。
「強くなってますます善良《ぜんりょう》を迫害《はくがい》する悪人に対し、善人《ぜんにん》はいつまでも孤立《こりつ》して弱くなっている。一方が膨大《ぼうだい》すれば、他方はますます畏縮《いしゅく》する。社会は険悪《けんあく》とならざるを得《え》ないではないか」（「教育改造論」、『牧口常三郎全集 2』東西哲学書院）
結託《けったく》し、どんどん強くなる悪の力《ちから》。孤立《こりつ》し、ますます弱くなる善《ぜん》の力。それでは、社会はすさみ、暗《くら》くなる。険悪《けんあく》となっていく。現代の日本そして世界も、牧口先生の言葉のとおりになってしまったといえないだろうか。
こうした悪の結託《けったく》を打《う》ち破《やぶ》るためには、明確《めいかく》な形として、「戦う善《ぜん》の力《ちから》」を連帯《れんたい》させなければならない。ゆえに牧口先生は、民衆《みんしゅう》の善なる力の結集《けっしゅう》をめざして、「創価教育学会」を創立《そうりつ》されたのである。

〝理論《りろん》や理屈《りくつ》だけではだめだ。現実のうえで、民衆《みんしゅう》が、正義《せいぎ》に連《つら》なっていくために、何ものにも壊《こわ》されない「善《ぜん》の連帯《れんたい》の組織《そしき》」「正義の組織」をつくろう〟

これが、学会の創立《そうりつ》にこめられた、牧口先生、戸田先生の心であられた。

〈昭和五年（一九三〇年）十一月十八日の『創価教育学体系』第一巻発刊の日をもって創立とした。その後、賛同者《さんどうしゃ》が増《ふ》え、発会式は昭和十二年（一九三七年）に行われた〉

戸田先生も、出獄《しゅつごく》され、戦後《せんご》の荒野《こうや》に一人立たれた時、まず「学会の組織《そしき》」の再構築《さいこうちく》に手を着けられた。

組織《そしき》の再建《さいけん》に奔走《ほんそう》された。そこから、あらゆる一切の戦いを始められたのである。

戸田先生は、つねづね、「学会の組織《そしき》は戸田の命よりも大事だ」と言われていた。

私もまた若《わか》き日より、「組織《そしき》」の重要性《じゅうようせい》に注目していた。ちょうど、そのころは、労働組合《ろうどうくみあい》などのさまざまな組織が活発に活動していた。

入信前《にゅうしんまえ》のことである。戦後間《せんごま》もないころ、何人《なんにん》かの青年たちと一緒《いっしょ》に勉強会を開いた。その折《おり》、ある大学の教員が語っていた。

「論《ろん》ずることも大切かもしれない。しかし、これからは組織《そしき》をつくったほうが勝つ。どんな理論《りろん》をもっていても、組織をつくったものにはかなわない」と。

この言葉は、今も忘《わす》れられない。そのような時に、私は戸田先生に出会った。学会という組織《そしき》に出あったのである。戸田先生が学会の再建《さいけん》を始められたころであった。

「この人は、あの学者の言ったことを実行している。不思議《ふしぎ》な人だ」――こう私は直感した。青年の鋭《するど》き眼《まなこ》で、戸田先生のすごさを見つめたのである。

ともあれ、わが創価学会は、今や、「世界一の民衆《みんしゅう》の組織《そしき》」になった。私どもは、牧口先生の「創立《そうりつ》の志《こころざし》」を受《う》け継《つ》いで、「善《ぜん》と良識《りょうしき》の連帯《れんたい》」を、世界に、広く、強く結《むす》んでいる。さらに、このスクラムを広げてまいりたい。

邪悪《じゃあく》の魔性《ましょう》が、いくら束《たば》になろうと、創価学会、SGIは、びくともしない。

この学会の今日《こんにち》の栄光《えいこう》は、すべて牧口先生が命を賭《と》し、戸田先生が命を賭して、権《けん》力《りょく》の魔性《ましょう》と戦いぬかれた「功徳《くどく》」であることを知っていただきたい。

22-6 座談会こそ創価学会の生命線

地域《ちいき》の同志《どうし》が集《つど》い、共《とも》に励《はげ》まし合っていく、創価学会伝統《でんとう》の「座談会」にこそ、人間共和《きょうわ》の縮図《しゅくず》があり、広宣流布の脈動《みゃくどう》があると語っています。

池田先生の指針

『法華経の智慧』

座談会は〝大河《たいが》〟です。あらゆる活動は、その大河に注《そそ》ぎ込《こ》む〝支流《しりゅう》〟です。友好活動も各種会合も、すべて座談会という〝大河《たいが》〟に合流して、〝民衆《みんしゅう》の世紀《せいき》の大海《たいかい》〟へと進む。その大河の両岸《りょうぎし》には、広大な「人間文化の沃野《よくや》」が開け、豊《ゆた》かな実《みの》りを結《むす》んでいく――。

座談会にこそ学会の「心」がある。戸田先生は、よく語られた。

「初代の会長は、自分が真《ま》っ先《さき》に行って、一人が来ると、その一人の人とじっくり話しあう。二人目の人が来ると二人と、三人来ると三人と話しあって、じつに懇切丁《こんせつてい》寧《ねい》に教えてくださった」と。

戸田先生は、こうも言われている。

「ただ一人でもいい。その一人の人に全力で法《ほう》を説《と》き、体験《たいけん》を語り、広布のこと、人生のことを心から話しあっていけばよいのだ。二人でもいい、御本尊の話をして、感激《かんげき》しあって帰る座談会にしてほしい。三人も来れば、〝大勢《おおぜい》〟というべきである」

「号令《ごうれい》」ではない、「心」です。「人と人」の語らいなのだから、「人」を大事にしなければ。その結果《けっか》として、にぎやかで盛大《せいだい》な座談会が定着《ていちゃく》していくのです。

「伝統《でんとう》の座談会」と呼《よ》ぶのも、〝長年、続いている〟からではない。座談会を根本《こんぽん》に、一人一人を大事にしてきた、その「心」が、学会の伝統なのです。

学会はつねに、無名《むめい》にして健気《けなげ》なる「民衆《みんしゅう》」を、励《はげ》ましぬいてきたのです。そこに座談会の〝魂《たましい》〟がある。世間から見れば、人数も少ない、だれに注目されるのでもない——これほど地味《じみ》な集《つど》いもないでしょう。しかし座談会には、大宇宙《だいうちゅう》を貫《つらぬ》く法《ほう》を説《と》ききった「哲学《てつがく》」がある。どんな人をもつつみゆかんとする「潤《うるお》い」がある。どんなに宿命《しゅくめい》に打ちひしがれていても、〝もう一度、頑張《がんば》ってみよう〟と奮《ふる》い立《た》たせずにはおかない「希望《きぼう》」がある。

笑《わら》いあり、涙《なみだ》あり、感動あり。決意と感謝《かんしゃ》の心が響《ひび》きあい、悩《なや》みが勇気《ゆうき》に、疲《つか》れが充実《じゅうじつ》に変わる〝庶民《しょみん》のオアシス〟、それが学会の座談会です。

この小さな集《つど》いに「人間共和《きょうわ》の縮図《しゅくず》」がある。「民主主義《みんしゅしゅぎ》の実像《じつぞう》」がある。「信仰《しんこう》と家庭と地域《ちいき》とを結《むす》ぶ広布の脈動《みゃくどう》」がある。尊《とうと》い仏子《ぶっし》を、大切な友を、幸せにせずにおくものかという「心」がある。その心が「法華経の心」なのです。

釈尊《しゃくそん》の結論《けつろん》である法華経も、壮大《そうだい》な「座談会」です。人生を模索《もさく》し、真摯《しんし》に問いかける求道《きゅうどう》の人々。体験《たいけん》を通し、譬喩《ひゆ》を駆使《くし》して、誠実《せいじつ》に答えていく釈尊。そのやりとりを見て聴《き》いて、ともに「境涯《きょうがい》を開く喜《よろこ》び」につつまれる人々。その決意の発光《はっこう》、連《れん》動《どう》、感応《かんのう》の妙《みょう》――。

◇

牧口先生は「大善生活実験証明座談会《だいぜんせいかつじっけんしょうめいざだんかい》」と名づけました。「大善生活実験証明」とは、妙法を根幹《こんかん》にした「信心即《そく》生活」のすばらしさ、社会と人々に尽《つ》くす「人間革命」の生き方を、だれにも納得《なっとく》できるよう、事実の姿《すがた》で示《しめ》そうということです。学会の座談会は、その発祥《はっしょう》の時点から、広々《ひろびろ》と民衆《みんしゅう》に開かれている。学会の座談会は、社会に「智慧《ちえ》」と「活力《かつりょく》」を送る草《くさ》の根《ね》の広場です。

功徳《くどく》の体験《たいけん》を聞いて決意する。「よくぞ戦い、よくぞ打ち勝ったな。そうだ、私も宿命転換《しゅくめいてんかん》できるのだ。私も頑張《がんば》ろう！」。奮闘《ふんとう》する友をたたえる。「この人のように、この人を模範《もはん》に、私たちも成長《せいちょう》しようではないか」と。

それが一生成仏《いっしょうじょうぶつ》への励《はげ》みになり、広布への使命感を呼《よ》び起《お》こす。

◇

牧口先生が逮捕《たいほ》（一九四三年七月六日）されたのは、座談会に出席《しゅっせき》するために訪《おとず》れた伊豆《いず》の下田《しもだ》であった。そのころ、座談会は特高刑事《とっこうけいじ》が監視《かんし》するなかで開かれ、神札問題《かみふだもんだい》等で何度も圧迫《あっぱく》を受けながら、先生は一歩も退《しりぞ》かれなかった。座談会は、権力《けんりょく》に対する精神闘争《せいしんとうそう》の熾烈《しれつ》な〝戦場《せんじょう》〟でもあったのです。また大聖人の宗教改革《かいかく》の闘争も、今の「座談会」とも言うべき対話の集《つど》いから始まったと見ることができる。

このように座談会の「伝統《でんとう》」には、大聖人以来《いらい》、牧口先生、戸田先生以来の「偉大《いだい》なる闘争《とうそう》の精神《せいしん》」がこめられている。その精神を満々《まんまん》とみなぎらせて、一回一回の座談会を、楽しく、明るく開きゆく意義《いぎ》は、どれほど大きいか。

道なき現代に、人類《じんるい》の幸福への「確固《かっこ》たる軌道《きどう》」を切り開いていく。この生きぬく「強さ」「明るさ」を、大座談会運動から脈動《みゃくどう》させたいのです。

「あなたの心」へ！「あの友の心」へ！——と。

22-7 広宣流布は座談会から始まる

ここでは、「対話」「自由」「平等」に溢《あふ》れた座談会にこそ、日蓮仏法の正しき実践《じっせん》の在《あ》り方《かた》があると強調しています。

池田先生の指針

『随筆　人間世紀の光』(「伝統の『座談会』の思い出」の章、二〇〇六年一月二十日)

「私には、創価学会の発展《はってん》の秘訣《ひけつ》がわかるような気がします。学会には、自由と平等があるからです」

高名な文化の指導者《しどうしゃ》であるウンカルト＝サイフェルトさん(元オーストリア文部次

官）が、日本の各地《かくち》で学会員と膝詰《ひざづ》めの座談、対話を重《かさ》ねた結論《けつろん》である。

まったく、その通りである。

学会の座談会には「対話」がある。「自由」がある。「平等」がある。「哲学《てつがく》」がある。そして「希望《きぼう》」がある。

毎月、座談会の週になると、私の胸《むね》は躍《おど》る。

日本中の、あの町この町。会場の窓《まど》からは、温《あたた》かな光がこぼれている。明るい歌声が聞こえてくる。朗《ほが》らかな笑《わら》いが響《ひび》いてくる。

どんな語らいが生まれているのだろう。

どんな決意がみなぎっているのだろう。

私は、そっと会場の後ろに座《すわ》って、皆様方《みなさまがた》の一言一言に、心から拍手《はくしゅ》と声援《せいえん》を贈《おく》りたい思いである。

私は座談会が大好《だいす》きだ。

御聖訓《ごせいくん》には、「心《こころ》ざしあらん諸人《しょにん》は一処《いっしょ》にあつまりて御聴聞《ごちょうもん》あるべし」(御書九五一ページ)と仰《おお》せである。

つまり、皆《みな》が集まり、御書を学び合い、互《たが》いに励《はげ》まし合い、信心を深め合う座談会こそ、日蓮仏法の正しき実践《じっせん》の在《あ》り方《かた》なのである。

◇

ある時、牧口先生に、一人の青年が意見を述《の》べた。

「座談会ではなく、もっと大規模《だいきぼ》な講演会形式《こうえんかいけいしき》にした方がいいと考えますが……」

先生は、言下《げんか》に答えられた。

「いや、それは違《ちが》う。人生に対する問題は対話でなくては相手に通じない。講演《こうえん》だけでは、聞く方は他人事《ひとごと》にしか感じないものだ。日蓮大聖人の『立正安国論《りっしょうあんこくろん》』にしても問答《もんどう》の形式ではないか」

牧口先生は、たった一人のためにも、遠路をいとわず訪《たず》ねられた。相手が一人いれば、そこが座談会になった。

先生の信念《しんねん》は獄中《ごくちゅう》にあっても微動《びどう》だにしない。

「さあ、問答《もんどう》をしよう！」

相手は取調官《とりしらべかん》である。

「よいことをしないのと、悪いことをするのと、その結果《けっか》は同じか、違《ちが》うか」

理路整然《りろせいぜん》と、宗教の正邪《せいじゃ》を論《ろん》じ、折伏《しゃくぶく》されたのだ。

戸田先生も、ご自身の会長就任式《しゅうにんしき》で、「広宣流布は一対一の膝詰《ひざづ》めの対話からだ」

と叫《さけ》ばれた。

「一《いち》は万《まん》の母《はは》」である。

「たった一人でもいい。目の前の一人に、この大仏法を語らずにはおくものか！」

広宣流布の拡大《かくだい》は、この歴代会長の一念《いちねん》から始まったのである。

22-8 SGIは麗《うるわ》しき創価家族の世界

創価学会は妙法で結《むす》ばれた〝家族の集《つど》い〟であり、慈愛《じあい》と安《やす》らぎと励《はげ》ましに満《み》ちた、最高に仲《なか》の良《よ》い麗《うるわ》しき和楽《わらく》の世界であると語っています。

池田先生の指針

「アメリカSGI青年研修会」(一九九〇年二月二十五日、アメリカ)

仏法の世界の基本《きほん》を確認《かくにん》する意味で、少々語っておきたい。それは、私どもは、妙法で結《むす》ばれた〝家族の集《つど》い〟であるということである。広布の組織《そしき》は、生命の安《やす》らぎと充実《じゅうじつ》のホーム(家庭)なのである。御本尊に照《て》らされて、だれもが「ああ、ホッとするなあ、うれしいなあ、元気が出てくる」と、安心できる集いであっていただきたい。たとえば、仕事や勉強で疲《つか》れて、やっとうちに帰ったとたん、「遅《おそ》いじゃないか！今まで何をやってたのか！」（笑い）とどなられたのでは、だれだっていやになる。家に寄《よ》りつかなくなってしまう。それと同じで、会合にどうしても遅《おく》れたり、出られない場合もある。その人を叱《しか》る資格《しかく》はだれにもない。反対に、苦労《くろう》して、やっと駆《か》けつけたのだから、「ああ、よく来たね、よく帰ったね」と、あたたかく出迎《でむか》え、ほめたたえるのが、本当の〝家族〟であり、〝ホーム〟である。

弘教《ぐきょう》やさまざまな活動は、実践《じっせん》している本人が功徳《くどく》を受け、幸福になるためにある。組織《そしき》のためでもなければ、ましてリーダーのためでもない。一生懸命《いっしょうけんめい》やっている人を叱《しか》るなんて、叱った人のほうが「軽善《きょうぜん》」（仏子《ぶっし》を軽《かろ》んじる）の罪《つみ》をつくる。

弘教《ぐきょう》は、大聖人の仰《おお》せであるゆえに、行《おこな》うことが修行《しゅぎょう》である。しかし、その結果《けっか》として、信仰《しんこう》するかどうかは、機根《きこん》など、基本的《きほんてき》には相手の問題である。「発心下種《ほっしんげしゅ》」（相手が入信《にゅうしん》した場合）も「聞法下種《もんぽう》」（法《ほう》を聞いたが、その時は入信しなかった場合）も、功徳《くどく》は同じである。弘教を実践《じっせん》したこと自体が、仏《ほとけ》の使いとなっているのである。その人を最高に尊敬《そんけい》すべきである。「ご苦労《くろう》さま、仏の種子《しゅし》をまくことができた。よかったね。すばらしいね」とほめたたえ、喜《よろこ》び合って、兄弟のごとく、姉妹のごとく励《はげ》ましあっていくことである。その楽しき家族の姿《すがた》にふれてこそ、やがて、より多くの人々が正法《しょうほう》を求《もと》めてくるようになることは間違《まちが》いない。愛情《あいじょう》と安らぎこそ〝ホーム〟の命なのである。

荒々《あらあら》しき現実社会においては、競争《きょうそう》と緊張《きんちょう》はやむをえない。また、エゴのぶつかりあいもあろう。しかし、いったんSGIという〝ホーム〟に戻《もど》ったら、伸《の》び伸びとくつろぎ、笑《わら》い、生命の栄養《えいよう》をとって、ふたたび明日《あす》への活力《かつりょく》が出てくるように、心をくだくのがリーダーの役目なのである。

夜間勤務など、不規則《ふきそく》な時間帯《じかんたい》の人もいる。受験《じゅけん》や仕事の都合《つごう》で、しばらく集中的《しゅうちゅうてき》に忙《いそが》しい人もいる。その人たちは、今はなかなか会合には出られない。けれども、信心を胸《むね》に自分の課題《かだい》に立派《りっぱ》に挑戦《ちょうせん》している。実証《じっしょう》を示《しめ》そうと戦っている。こういう人を、相手の立場に立って理解《りかい》してあげられるリーダーであってほしい。ともかく「会うだけで楽しい」「会合に出るとくつろげる。おもしろいし、有意義《ゆうぃぎ》である」「笑《わら》いがいつも絶《た》えない」――各地《かくち》で繰《く》り広《ひろ》げられる会合が、すべて、こうした集《つど》いであっていただきたい。

その仲良《なかよ》き〝仏子《ぶっし》の集《つど》い〟は、全宇宙《ぜんうちゅう》の仏菩薩《ぶつぼさつ》が見守っている。この世でもっとも尊貴《そんき》なる世界である。

「家族」は平等である。一応《いちおう》、お父《とう》さんの立場の壮年部、お母《かあ》さんにあたる婦人部、お兄《にい》さん、お姉《ねえ》さんの青年部、また指導部（＝多宝会）、学生・高校生など立場の違《ちが》いはある。しかし、全員が御本仏《ごほんぶつ》の仏子《ぶっし》である。権利《けんり》も平等である。むしろ上になるほど責任《せきにん》は重い。

大聖人は、門下の婦人《ふじん》を、こうやさしく励《はげ》まされている。

「いかなる事《こと》も出来候《しゅったいそうら》はば是《これ》へ御《おん》わたりあるべし見奉《みたてまつ》らん・山中《さんちゅう》にて共《とも》にうえ死《じ》にし候はん」（御書一二二二ジペー）――（もし、蒙古軍《もうこぐん》が攻《せ》めてきて）どんなことでも、困《こま》ったことがあったら、私のもと（身延《みのぶ》）へおいでなさい。お会いしますよ。この山で、一緒《いっしょ》に、飢《う》え死にしましょうよ――。なんという大慈悲《だいじひ》であろうか。

苦しい時も、喜《よろこ》びの時も、一切を分け合っていく。これが家族である。そうすれば、苦しみは半分に、またそれ以下に、喜《よろこ》びは二倍に、またそれ以上になっていく。「家族」を結《むす》ぶのは、命令《めいれい》でもない。権威《けんい》でも威嚇《いかく》でもない。情愛《じょうあい》であり、和気《わき》であり、思いやりである。一人でも不幸《ふこう》な人がいれば、家庭全体も幸福ではない。ゆえに、一人ももれなく幸せになるように、一人も不幸な人、退転《たいてん》するかわいそうな人が出ないように、真心込《まごころこ》めて祈《いの》り、皆《みな》で守り合っていっていただきたい。そうした人間同士《どうし》の〝絆《きずな》〟が、真《しん》の〝団結《だんけつ》〟を生むのである。権力《けんりょく》とか権威《けんい》とか、いわゆる〝軍隊《ぐんたい》調《ちょう》〟の強制《きょうせい》やしめつけ等《とう》は、いざという時はもろいものである。

要《よう》は、仏法は「一人」の人の幸福のためにある。広布の組織《そしき》も同じである。組織のために人間がいるのではなく、人間のために組織がある。「一人」の人を抱《だ》きかかえて、幸福へ、成仏《じょうぶつ》へと守っていくための組織なのである。

第二十三章　異体同心《いたいどうしん》の団結《だんけつ》

この章を読むに当たって

「皆《みな》が異体同心《いたいどうしん》で進んでいくことを祈《いの》っています。どうすれば皆が団結《だんけつ》できるでしょうか?」

海外のリーダーの真剣《しんけん》な問《と》いに、池田大作先生はこう答えました。

「その祈《いの》りこそが根本《こんぽん》です。皆《みな》で団結《だんけつ》していこう、異体同心《いたいどうしん》の組織《そしき》にしてみせるという強盛《ごうじょう》な祈りが、一切の原動力《げんどうりょく》です。

まず自分自身が、広宣流布という大願《だいがん》に立つことだ。当然《とうぜん》、意見の違《ちが》いもある。好《す》き嫌《きら》いもあるだろう。しかし、広宣流布のために、大きな境涯《きょうがい》で、皆《みな》と心を合わせ、力《ちから》を合わせていくことです。
『異体同心《いたいどうしん》』とは、目的《もくてき》を成就《じょうじゅ》する手段《しゅだん》にとどまりません。『異体同心』の姿《すがた》それ自《じ》体《たい》が、広宣流布の理想像《りそうぞう》なのです。つまり、自他共《じたとも》の幸福のために、励《はげ》まし合って前進する麗《うるわ》しい人間の連帯《れんたい》を築《きず》くことこそが、日蓮仏法の世界なのです。
この『異体同心《いたいどうしん》』という哲学《てつがく》にこそ、人類《じんるい》が分断《ぶんだん》や争《あらそ》いの宿命《しゅくめい》を転《てん》じ、恒久《こうきゅう》平和を開いていく希望《きぼう》の鍵《かぎ》があるといえるでしょう」

「異体同心《いたいどうしん》」――この日蓮仏法の柱《はしら》には、あらゆる違《ちが》いを認《みと》め合い、尊重《そんちょう》し合いながら、万人《ばんにん》の生命に等しく尊極《そんごく》の仏性《ぶっしょう》を見出《みいだ》していく、人間共和《きょうわ》の希望《きぼう》の思想が輝《かがや》いています。

本章では、日蓮大聖人が広宣流布実現の最重要《さいじゅうよう》の条件《じょうけん》として示《しめ》した、この「異体同《いたいどう》心《しん》の団結《だんけつ》」について、池田先生がさまざまに示した指導《しどう》を紹介《しょうかい》します。

23-1 異体同心《いたいどうしん》は人間共和《きょうわ》の縮図《しゅくず》

小説『新・人間革命』のなかで、異体同心《いたいどうしん》の信心の重要性《じゅうようせい》を説《と》いた「生死《しょうじ》一大事血脈抄《いちだいじけつみゃくしょう》」の一節を拝《はい》しつつ、異体同心の団結《だんけつ》の姿《すがた》それ自体《じたい》が人間共和《きょうわ》の縮図《しゅくず》であり、広宣流布の実像《じつぞう》であると訴《うった》えています。

池田先生の指針

『新・人間革命17』（「緑野」の章）

大聖人は仰《おお》せである。

「総《そう》じて日蓮が弟子《で し》檀那等《だんなとう》・自他彼此《じたひし》の心なく水魚《すいぎょ》の思《おもい》を成《な》して異体同心《いたいどうしん》にして南無妙法蓮華経と唱《とな》え奉《たてまつ》る処《ところ》を生死一大事《しょうじいちだいじ》の血脈《けつみゃく》とは云《い》うなり」（御書一三三七ページ）

この御文《ごもん》は、「生死一大事《しょうじいちだいじ》の血脈《けつみゃく》」、すなわち生命の究極《きゅうきょく》の法が、いかにして仏《ほとけ》から衆生《しゅじょう》に伝《つた》えられ、衆生の生命に顕現《けんげん》するかについて、一つの結論《けつろん》を述《の》べられた個所《かしょ》である。

「自他彼此《じたひし》の心」とは自分は自分、他人は他人というように、自分と他人とを差別《さべつ》する、断絶《だんぜつ》した心である。たとえば、自分の利害《りがい》ばかり考えて他者を顧《かえり》みないエゴイズム、無関係《むかんけい》を決《き》め込《こ》む心、あるいは敵対視《てきたいし》、また、己《おのれ》の感情《かんじょう》を根本《こんぽん》にした生き方といえよう。

皆《みな》の心がバラバラに分断《ぶんだん》された、そんな集団《しゅうだん》に仏法の血脈《けつみゃく》が通《かよ》うことはない。ゆえに大聖人は、そうした生き方を厳《きび》しく戒《いまし》められたのである。

また、「水魚《すいぎょ》の思《おもい》」とは、切っても切れない同志相互《どうしそうご》の、密接不可分《みっせつふかぶん》な関係を、深く自覚《じかく》することである。互《たが》いに、広布の使命に生きる同志を、なくてはならない尊《とうと》い存在《そんざい》として支《ささ》え合い、敬《うやま》い合っていくことが、「水魚の思」の姿《すがた》といえよう。

また、「異体同心《いたいどうしん》」とは、それぞれの個性《こせい》、特質《とくしつ》を最大限《さいだいげん》に生かしながら、広宣流布という大目的《だいもくてき》に心を合わせて前進していくことである。

大聖人は、総《そう》じては、御自身《ごじしん》の生命に流れる血脈《けつみゃく》は、この「異体同心《いたいどうしん》」の団結《だんけつ》のなかに伝《つた》わり、「広宣流布」の大願《だいがん》に生きる、一人ひとりの生命に脈打《みゃくう》つことを明言されているのである。

大聖人は、さらに「今日蓮が弘通《ぐつう》する処《ところ》の所詮是《しょせんこれ》なり」（御書一三三七ジペー）と仰《おお》せである。「異体同心《いたいどうしん》」の姿《すがた》こそ、今、大聖人が弘通される最《もっと》も肝要《かんよう》なことなのであると言われているのだ。

一般的に、団結《だんけつ》というのは、目標《もくひょう》を成就《じょうじゅ》するための一つの手段《しゅだん》と考えられている。しかし、正法《しょうほう》をもって万人《ばんにん》を幸福にするための「異体同心《いたいどうしん》」の姿《すがた》は、それ自体が人間共和《きょうわ》の縮図《しゅくず》であり、広宣流布の実像《じつぞう》である。いわば目的《もくてき》ともいえよう。

そして、「異体同心《いたいどうしん》」で進んでいくならば「広宣流布の大願《だいがん》も叶《かな》うべき者《もの》か」（同）と仰《おお》せになっているのである。

23-2 仏意仏勅《ぶついぶっちょく》の和合僧団《わごうそうだん》

「異体《いたい》」とは、また「同心《どうしん》」とは、どれほど深い意義《いぎ》を有《ゆう》しているかを論《ろん》じつつ、異体同心の団結《だんけつ》こそ広宣流布の要諦《ようてい》であり、それを現代に実現してきたのが創価学会の組織《そしき》であると語っています。

『生死一大事血脈抄講義《しょうじいちだいじけつみゃくしょうこうぎ》』

池田先生の指針

「異体《いたい》」とは、人それぞれに個性《こせい》、特質《とくしつ》、立場等が異《こと》なることです。「同心《どうしん》」とは、目的観《もくてきかん》や価値観《かちかん》が同じこと、また、特《とく》に大聖人の仏法では、「妙法への信心」と「広宣流布の大願《だいがん》」を同じくすることです。

いわば、法を中心として「個《こ》」と「全体」の調和《ちょうわ》する姿《すがた》が、仏法の「異体同心《いたいどうしん》」です。この言葉には、多彩《たさい》な人材群《じんざいぐん》が、互《たが》いに触発《しょくはつ》しあって広宣流布へ前進していく躍《やく》動《どう》の姿が凝結《ぎょうけつ》していると言っていいでしょう。

「異体同心《いたいどうしん》」についての大聖人の教えの要点《ようてん》を述《の》べれば、第一に、異体同心こそ万《ばん》事《じ》において「事《こと》を成就《じょうじゅ》するための鍵《かぎ》」「勝利の要諦《ようてい》」であると強調されています。

第二に、特《とく》に仏《ほとけ》と魔《ま》との戦いである末法《まっぽう》広宣流布においては、「異体同心《いたいどうしん》の団結《だんけつ》」が絶対《ぜったい》に不可欠《ふかけつ》である。

そして、いかに広宣流布を妨《さまた》げる悪の勢力《せいりょく》が強くても、「異体同心《いたいどうしん》の団結《だんけつ》」があれば、必ず勝ちこえていけるとの大確信《だいかくしん》を打《う》ち込《こ》まれています。

異体同心《いたいどうしん》は、いわば「法華経の兵法《へいほう》」の究極《きゅうきょく》であると言えます。「法華経の兵法」とは、要《よう》するに「祈《いの》り」です。なかんずく、異体同心とは、「心を一つにして祈る」ことにほかなりません。

異体同心《いたいどうしん》の祈《いの》りがなければ、どんな策《さく》や方法論《ほうほうろん》を立てても、広宣流布は進まない。根本《こんぽん》の異体同心の強き祈りがあれば、そこには大きな勢《いきお》いが生まれ、かりに異体異心《いしん》の者が出たとしても、悠々《ゆうゆう》と吹《ふ》き飛《と》ばして前進していくことができます。

広宣流布への祈《いの》りを根幹《こんかん》とする異体同心《いたいどうしん》の前進には、勢《いきお》いがあり、勝利への力《ちから》があります。さらにまた、その中で前進している人々は仲《なか》がよく、労苦《ろうく》があっても楽しい。

その勝利のリズム、躍動《やくどう》のリズムを築《きず》くための要諦《ようてい》は、ひとえに「同心《どうしん》」にあります。

◇

私が今、願《ねが》うことは、尊《とうと》き異体同心《いたいどうしん》の勝利のリズムを、後継《こうけい》の青年たちに完璧《かんぺき》に受《う》け継《つ》いでもらいたいということです。そのためにも、勝利の鍵《かぎ》となる「同心《どうしん》」について、何点か、その意義《いぎ》を確認《かくにん》しておきたい。

一つは、「同心《どうしん》」とは「広宣流布の大願《だいがん》」であるということです。

熱原《あつはら》の法難《ほうなん》の渦中《かちゅう》、大聖人は若《わか》き南条時光《なんじょうときみつ》に、「願《ねが》くは我《わ》が弟子等《でしら》・大願《だいがん》ををこせ」

（御書一五六一ジペー）と呼《よ》びかけられました。「同じ一生であるならば、広宣流布のために命を捧《ささ》げよ！」との大聖人の烈々《れつれつ》たる叫《さけ》びであられます。

「広宣流布の大願《だいがん》」は、大聖人直結《ちょっけつ》で広布大願を受《う》け継《つ》いだ初代、二代、三代の師《し》弟《てい》の心そのものでもあります。三代の師弟は、この大願を一瞬《いっしゅん》も忘《わす》れずに不《ふ》惜《しゃく》の行動を貫《つらぬ》いてきました。これこそが異体同心《いたいどうしん》の核心《かくしん》なのです。

次に、「同心《どうしん》」とは、「同志《どうし》を尊敬《そんけい》する心」であらねばなりません。

法華経の広宣流布の精神《せいしん》は「万人《ばんにん》の成仏《じょうぶつ》」を確信《かくしん》することに基《もと》づきます。その広宣流布のための異体同心《いたいどうしん》の和合僧《わごうそう》は、万人に仏性《ぶっしょう》があるという法華経の哲学《てつがく》を反映《はんえい》した世界です。不軽菩薩《ふきょうぼさつ》は、一切衆生《いっさいしゅじょう》に仏性があり、法華経を持《たも》てば必ず成仏できると確信して万人を礼拝《らいはい》する礼拝行《らいはいぎょう》を立てました。法華経を持たない人に対しても尊敬《そんけい》したのです。いわんや、御本尊を持ち、広宣流布に戦う同志《どうし》は必ず仏《ほとけ》になれる人です。法華経を持つ人を〝仏の如《ごと》く敬《うやま》うべし〟と、法華経普賢品《ふげんぼん》にも説《と》かれています。

異体同心《いたいどうしん》とは、万人《ばんにん》を尊敬《そんけい》する仏法哲学《てつがく》に基《もと》づく人と人との絆《きずな》です。「同心」とは、同志《どうし》が互《たが》いに尊敬し合っていく心にほかならないのです。

第三に、「同心《どうしん》」とは、「師弟不二《していふに》の信心」にほかならない。異体《いたい》同心の核心《かくしん》は、自身の心を、仏《ほとけ》の心、広宣流布の指導者《しどうしゃ》の心である広布大願《だいがん》に合わせていく「師弟不二の信心」にあります。

日興上人《にっこうしょうにん》は師弟不二《していふに》を貫《つらぬ》き、「大聖人直結《ちょっけつ》」の和合僧団《わごうそうだん》を築《きず》かれました。反対に、五老僧《ごろうそう》は、権力《けんりょく》を恐《おそ》れ、師弟を忘《わす》れてしまったがゆえに、広宣流布の大道《だいどう》から外《はず》れてしまった。まさしく師敵対《してきたい》とは、異体異心《いたいいしん》そのものです。

三代の師弟《してい》によって示《しめ》された広宣流布に戦う根本精神《こんぽんせいしん》が異体同心《いたいどうしん》の組織《そしき》の中に脈動《みゃくどう》していくとき、創価学会は、民衆《みんしゅう》を救済《きゅうさい》する仏《ほとけ》の大生命力《だいせいめいりょく》を恒久的《こうきゅうてき》に持《たも》ち続けることになります。

そして、そのような仏《ほとけ》の力《ちから》を具《そな》えつつ、いかなる三障四魔《さんしょうしま》の大難《だいなん》にも打ち勝つ「異《い》体同心《たいどうしん》の和合僧《わごうそう》」「金剛不壊《こんごうふえ》の師弟《してい》の大城《だいじょう》」として聳《そび》え立《た》つのが、創価学会の組織《そしき》なのです。

ゆえに戸田先生は、「未来の経典《きょうてん》には『創価学会仏《ぶつ》』の名《な》が記《しる》される」と予見《よけん》なされました。

大聖人に直結《ちょっけつ》した広宣流布遂行《すいこう》の和合僧団《わごうそうだん》である創価学会は、それ自体《じたい》が仏《ほとけ》そのものなのである。これが、戸田先生の大確信《だいかくしん》であられた。

戸田先生は幾度《いくど》も、「戸田の命よりも大切な学会の組織《そしき》」と語られました。

私も、何よりも大切な仏意仏勅《ぶついぶっちょく》の和合僧団《わごうそうだん》を、戸田先生の命そのものとして、お預《あず》かりしてきました。そして「異体同心《いたいどうしん》」を根幹《こんかん》の指針《ししん》として、この創価学会を大発展《だいはってん》させ広宣流布を進めてきました。

どうか、これからも、「異体《いたい》」を「同心《どうしん》」にしていく信心の努力《どりょく》と誠実《せいじつ》な行動によって、三代の師弟《してい》が築《きず》いた仏意仏勅《ぶついぶっちょく》の和合僧団《わごうそうだん》を拡大《かくだい》していっていただきたい。

それ自体《じたい》が、広宣流布の道であり、世界平和への確《たし》かな前進だからです。

23-3

「仏《ほとけ》の如《ごと》く互《たがい》に敬《うやま》う」

ここでは、なぜ異体同心《いたいどうしん》の団結《だんけつ》が大切であるかを語っています。そして、広宣流布の組織《そしき》にあっては、大目的《だいもくてき》に立って、徹《てっ》して仲良《なかよ》く、互《たが》いに仏《ほとけ》として尊敬《そんけい》し合っていくことが大切であると強調しています。

池田先生の指針

『御書の世界』

すべての人の個性《こせい》が重《おも》んじられ活《い》かされていく団結《だんけつ》を、大聖人は「異体同心《いたいどうしん》」という言葉をもって見事に示《しめ》されているのです。

「異体同心《いたいどうしん》」こそ、人間を尊重《そんちょう》し、人間の可能性《かのうせい》を最大限《さいだいげん》に開花《かいか》させる、最高の組《そ》織論《しきろん》と言える。

「異体《いたい》」――各人《かくじん》は、使命も適性《てきせい》も状況《じょうきょう》も違《ちが》っている。

「同心《どうしん》」――しかし心は一体《いったい》でいきなさいというのです。

「異体異心《いたいいしん》」では、バラバラになってしまう。

「同体同心《どうたいどうしん》」というのは、個性《こせい》を認《みと》めない集団主義《しゅうだんしゅぎ》であり、全体《ぜんたい》主義になってしまう。これでは、個々《ここ》の力《ちから》を発揮《はっき》させていくことはできない。

使命のない人などいません。一人一人に偉大《いだい》な可能性《かのうせい》がある。それを実現させるには、どうすればいいのか。一人が人間革命すれば、皆《みな》に勇気《ゆうき》を与《あた》える。希望《きぼう》を与える。確信《かくしん》を与える。触発《しょくはつ》が触発を生み、その連鎖《れんさ》によって、偉大な変革《へんかく》のエネルギーが発《はっ》揮《き》されるようになる。

◇

大聖人は、門下に、つねに〝仲良《なかよ》く、互《たが》いに励《はげ》ましていきなさい〟と指導《しどう》されていた。

「法華行者逢難事《ほっけぎょうじゃほうなんじ》」には、つね日ごろから、皆《みな》が集まっては、大聖人の御手紙《おてがみ》を読んで法門《ほうもん》の学習をしたり、一生成仏《いっしょうじょうぶつ》・広宣流布を目指して語り合っていた様子がうかがえます。今で言えば、座談会や協議会などでしょう。

もともと、仏道修行《ぶつどうしゅぎょう》そのものが独《ひと》りで成就《じょうじゅ》できるものではない。「名聞名利《みょうもんみょうり》の風《かぜ》はげしく仏道修行の灯《ひ》は消《き》えやすし」（御書一四四〇ジペー）だからです。皆《みな》で励《はげ》まし合って、支《ささ》え合って前進していくのです。互《たが》いに善知識《ぜんちしき》となっていくのです。

仏道修行《ぶつどうしゅぎょう》はつねに障魔《しょうま》との戦いです。絶《た》えず悪縁《あくえん》・悪知識《あくちしき》のなかで修行《しゅぎょう》をしていかなければならない。

現代人が日常生活のなかで仏道修行《ぶつどうしゅぎょう》をするには、如蓮華在水《にょれんげざいすい》とあるように、悪縁《あくえん》のなかで人間として光り輝《かがや》いていくなかにしか、凡夫《ぼんぷ》の成仏《じょうぶつ》の道はない。

だからどうしても善知識《ぜんちしき》の集団《しゅうだん》が仏道修行《ぶつどうしゅぎょう》の成就《じょうじゅ》のためには不可欠《ふかけつ》となる。崇高《すうこう》な目的観《もくてきかん》に基《もと》づいた団結《だんけつ》が、いかに重要《じゅうよう》であるか。大切な広宣流布の組織《そしき》を絶《ぜっ》対《たい》に壊《こわ》されてはならない。破壊《はかい》は一瞬《いっしゅん》、建設《けんせつ》は死闘《しとう》です。

一番分《わ》かりやすいのは池上宗仲《いけがみむねなか》・宗長兄弟《むねながきょうだい》の団結《だんけつ》の闘争《とうそう》です。父・康光《やすみつ》が兄・宗仲を勘当《かんどう》した事件《じけん》は有名だ。二人《ふたり》の父・康光の背後《はいご》には、極楽寺良観《ごくらくじりょうかん》の画策《かくさく》があったこともよく知られている。

この時に、兄・宗仲《むねなか》を勘当《かんどう》し、弟・宗長《むねなが》に家督《かとく》を譲《ゆず》ろうとする動きがあった。それで、弟の宗長は、家督を継《つ》ぐか、信心を貫《つらぬ》くかで少し迷《まよ》う。最終的《さいしゅうてき》には大聖人から激《げき》励《れい》を受けて、兄と行動をともにしようとする。

大聖人は池上宗仲《いけがみむねなか》の勘当事件《かんどうじけん》を解決《かいけつ》する鍵《かぎ》は「団結《だんけつ》」にあると見ぬかれていた。それも、兄弟の夫人《ふじん》たちも合わせて四人が団結することが魔《ま》を破《やぶ》る急所《きゅうしょ》であると教えられている。「兄弟抄《きょうだいしょう》」の一番最後は、兄弟と夫人たち四人が強く団結していきなさいという指導《しどう》で結《むす》ばれます。

人間の集団《しゅうだん》だから、〝仲《なか》が良《よ》い〟〝あまり良くない〟とか、相性《あいしょう》の面で〝好《す》き〟〝嫌《きら》い〟があるかもしれない。ある意味で、人間としてそうした感情《かんじょう》があることは当然《とうぜん》と言える。無理《むり》して考える必要もない。

しかし、好《す》き嫌《きら》いにとらわれて仏道修行《ぶつどうしゅぎょう》をおろそかにするのは愚《おろ》かです。そこに魔《ま》がつけ入るすきができてしまう。格好《かっこう》の餌食《えじき》となってしまいます。

だから大聖人は同志間《どうしかん》で悪口《わるくち》を言い合うことを厳《きび》しく戒《いまし》められている。

「心に合わないことがあっても語り合っていきなさい」（御書一一七二㌻、通解）、「少々の過失《かしつ》は見逃《みのが》してあげなさい」（御書一一七六㌻、通解）、「不本意《ふほんい》なことがあっても、見ず、聞かず、言わずで、仲良《なかよ》くしていきなさい」（御書一一七八㌻、通解）

「皆仏《みなほとけ》」です。相手も仏身《ぶっしん》ならば、謗《そし》ることは仏を謗ることになる。「皆仏」だから、互《たが》いに尊敬《そんけい》し合うのです。創価学会の組織《そしき》は「当起遠迎《とうきおんごう》、当如敬仏《とうにょきょうぶつ》」（法華経六七七㌻）の精神《せいしん》に満《み》ちあふれていなければならない。

人を謗《そし》る癖《くせ》がつけば「不断悪念《ふだんあくねん》に住《じゅう》して悪道《あくどう》に堕《だ》すべし」（御書一三八二㌻）とまで

仰《おお》せです。だから「仏《ほとけ》の如《ごと》く互《たが》いに敬《うやま》う」（御書一三八三ジペー）のです。法華経の宝塔品《ほうとうほん》で釈迦《しゃか》と多宝《たほう》が互《たが》いに席《せき》を分け合ったように、仲良《なかよ》くしなければならない、とも仰せです。

大切なのは「広宣流布を目指す信心」です。必死《ひっし》に広宣流布のために戦っていれば、いがみあっている暇《ひま》などない。敵《てき》の目の前でいがみ合う愚《ぐ》を、大聖人は幾度《いくど》も戒《いまし》められている。「鷸蚌《いつぼう》の争《あらそ》い」であり、「漁夫《ぎょふ》の利《り》」であると厳《きび》しく教えられています。どこまでも「同じ志《こころざし》」に立って、語り合うことです。

次元は違《ちが》うかもしれないが、「対話」は善《ぜん》です。連帯《れんたい》を築《きず》き団結《だんけつ》を創《つく》るからです。「拒絶《きょぜつ》」は悪《あく》です。分断《ぶんだん》を招《まね》き破壊《はかい》をもたらすからです。まず会うこと、そして話すことです。相手と違う面があるのは当然《とうぜん》です。しかし、話し合えば、違いがあっても信頼《しんらい》が芽生《めば》える。社会にあっても、対話は平和の礎《いしずえ》であり、拒絶は戦争《せんそう》の門《もん》です。

大聖人は、門下につねに対話を勧《すす》め、異体同心《いたいどうしん》を勧められている。「他人であっても、心から語り合えば、命をかけて助けてくれる」（御書一一三二ジペー、通解）、「くれぐれも駿河《するが》の人々は皆《みな》、同じ心であるようにと伝《つた》えてください」（御書一四三五ページ、通解）等々。枚挙《まいきょ》にいとまがないほどです。「妙法の同志《どうし》は、今世《こんぜ》でつねに語らい、霊山浄《りょうぜんじょう》土《ど》に行っても、うなずきあって語り合いなさい」（御書九〇〇ページ、通解）とも言われています。広宣流布をともに戦った同志の絆《きずな》は永遠《えいえん》だからです。

〝あの人とは今世《こんぜ》だけでけっこう〟と思う場合もあるかもしれないが（笑い）、互《たが》いに境涯《きょうがい》を革命《かくめい》すればいいのです。「蘭室《らんしつ》の友《とも》に交《まじわ》りて麻畝《まほ》の性《しょう》と成《な》る」（御書三一ページ）です。人間は変わるものです。また、善《よ》く変わらなければ信心ではない。「鳩化《はとけ》して鷹《たか》と為《な》り雀変《すずめへん》じて蛤《はまぐり》と為る」（同）です。

妙法の同志《どうし》は尊敬《そんけい》し合っていかなければならない。険路《けんろ》の広宣流布の遠征《えんせい》の道をともどもに励《はげ》まし合っていくのです。互《たが》いに善知識《ぜんちしき》の存在《そんざい》として、異体同心《いたいどうしん》の団結《だんけつ》で進むのです。

23-4 異体同心《いたいどうしん》が個性《こせい》を生かす

青年との対話のなかで、異体同心《いたいどうしん》の要点《ようてん》について明快《めいかい》に語っています。

『青春対話』

池田先生の指針

日蓮大聖人は、わが弟子は「異体同心《いたいどうしん》で進め」と仰《おお》せだ。大聖人の御命令《ごめいれい》です。大聖人の仰せのとおりに実行するのが、本当の信仰者《しんこうしゃ》です。

異体同心《いたいどうしん》というのは、現代で言えば「組織《そしき》」ということです。「異体」というのは、人それぞれ、姿《すがた》も立場も、状況《じょうきょう》も使命も違《ちが》う。しかし「心」は――信心は「同心」でいきなさいというのです。

「異体異心《いたいいしん》」では、バラバラです。「同体同心《どうたいどうしん》」というのは無理《むり》やり、形も姿《すがた》も心まで統一《とういつ》しようというのです。ファシズムであり、自由はない。だれもついてこられず、格好《かっこう》だけ合わせている。結局、「同体異心」になってしまう。

「異体《いたい》」とは個性《こせい》を生かすということです。「同心《どうしん》」とは、信心を根本《こんぽん》に、心を一つにしていくことです。本当の団結《だんけつ》です。

異体同心《いたいどうしん》――それは、竹林《ちくりん》に譬《たと》えてもいい。竹は、一本一本バラバラに生《は》えているようで、地下の根っこ（地下茎《ちかけい》）では、がっちりとつながっている。

信心の世界も同じです。根っこの部分――心が同じであり、目的《もくてき》が同じであってこそ、一人一人が天を突《つ》く勢《いきお》いでまっすぐに伸《の》びていける。

また、「たとえ、一人になっても自分は前進する」という「一人立つ」強さがあってこそ、真《しん》の団結《だんけつ》はできる。決してたがいに寄《よ》りかかるということではない。

23-5 仲良《なかよ》きことは美しい

創価学会の素晴《すば》らしさは、「同志愛《どうしあい》の心」「団結《だんけつ》の心」「広宣流布の心」をもって、仲良《なかよ》く、麗《うるわ》しく前進していくところにあると語っています。

池田先生の指針

「本部幹部会」（二〇〇〇年七月十八日、東京）

仲良《なかよ》きことは美しきことである。

仏法は「人間共和《きょうわ》」の教えである。「調和」の世界である。「仲《なか》がいい」ということが「異体同心《いたいどうしん》」であり、学会のいちばんの宝《たから》なのである。

陰《かげ》で文句《もんく》を言ったり、不平不満《ふへいふまん》をこぼし、陰湿《いんしつ》な策《さく》をめぐらすのは、利己主義《りこしゅぎ》であり、自分中心主義である。偏見《へんけん》であり、独善《どくぜん》である。「破和合僧《はわごうそう》」の大罪《だいざい》になってしまう。

何かあれば、直接、話しあい、すっきりと納得《なっとく》しあっていくべきである。聡明《そうめい》に、どこまでも信心根本《こんぽん》に、ともに前進する――ここに理想的《りそうてき》な「和合僧《わごうそう》」の道がある。

壮年部・男子部は、婦人部・女子部に対して、言葉づかいをていねいに。決してどなったり、横柄《おうへい》な口《くち》をきいたりしてはならない。そんな資格《しかく》もない。

男女同権《どうけん》である。大聖人は「男女《なんにょ》はきらふべからず」（御書一三六〇ページ）と仰《おお》せである。女性《じょせい》を尊敬《そんけい》し、大切にしていく「紳士《しんし》」であっていただきたい。これが学会の伝《でん》統《とう》である。

またリーダーは、あたたかい、ねぎらいの言葉をかけていくことである。

「ありがとう」「ご苦労《くろう》さま」「事故《じこ》に気《き》をつけてください」「風邪《かぜ》をひかないよう

に」――そのひとことで、心があたたまる。さわやかな人間性の薫《かお》りが広がる。
人間と人間のうるわしい絆《きずな》こそ学会の世界なのである。
あたたかい心。
信心の心。
同志愛《どうしあい》の心。
団結《だんけつ》の心。
広宣流布の心。
そして「信心」の魂《たましい》の結合《けつごう》の組織《そしき》――これが創価学会である。これで進みたい。

23-6

心を合わせた連帯《れんたい》に福徳《ふくとく》が広がる

物事を成就《じょうじゅ》するための要《かなめ》こそ異体同心《いたいどうしん》の団結《だんけつ》であり、とくにリーダーが皆《みな》を敬《うやま》い、心を合わせて前進していくなかに、確《たし》かな広宣流布の道がつくられ、福徳《ふくとく》の人生が広がっていくと語っています。

池田先生の指針

「SGI総会」（一九八九年十月四日、東京）

御書に「一つ心なれば必ず事《こと》を成《じょう》ず」（一四六三ジペー）——心を一つに合わせれば必ず物事を成就《じょうじゅ》できる——と記《しる》されている。

物事を成《な》し遂《と》げるために大事なのは、人数ではない。役職《やくしょく》や立場でもない。心を一つに合わせられるかどうかである。心を一つにするとき、そこに、確《たし》かな未来の建設《けんせつ》への〝核《かく》〟が生まれる。

物事が成就《じょうじゅ》しないのは、異体同心《いたいどうしん》の心がないからである。とくに幹部《かんぶ》が〝自分は偉《えら》い〟〝私はこうなのだ〟と思って、他の人と心を合わせていこうとしないのは、自分の〝わがまま〟にとらわれた姿《すがた》である。それは、自分の利害《りがい》のために組織《そしき》を利用《りよう》する心になりかねない。妙法の世界では、そのような生き方は絶対《ぜったい》にあってはならない。

その意味で、壮年部と婦人部と青年部が、皆《みな》で尊敬《そんけい》しあい、信頼《しんらい》しあって進んでいただきたい。若《わか》い人には若い人の〝特権《とっけん》〟があり、力《ちから》がある。年配者《ねんぱいしゃ》には年配者の経《けい》験《けん》と知恵《ちえ》がある。

各国《かっこく》でも最高会議を行い、おたがいに意見を言いあい、聞きあって、皆《みな》の総意《そうい》で活動を進めていただきたい。ひとりよがりの行動や、独裁《どくさい》、独善《どくぜん》は、仏法の精神《せいしん》ではない。

ともかく、皆《みな》で仲良《なかよ》く、心を合わせていこう――これを第一義《だいいちぎ》としていただきたい。婦人部を軽視《けいし》したり、青年部を見くだしたりするようなことがあってはならない。また、自分の利害《りがい》のために、感情《かんじょう》で人を叱《しか》ってはいけない。

どこまでも、おたがいが尊敬《そんけい》しあい、信頼《しんらい》しあっていただきたい。そして〝一緒《いっしょ》にやりましょう。一緒に進みましょう〟という、うるわしい励《はげ》ましあいと、心を一つにした連帯《れんたい》があるところに、福徳《ふくとく》に満《み》ちた人生と広布の世界が幾重《いくえ》にも広がっていくことを確信《かくしん》していただきたい。

23-7 異体同心《いたいどうしん》の「心」とは

――戸田城聖《じょうせい》先生の指導《しどう》を通して、異体同心《いたいどうしん》の深意《しんい》を語っています。

池田先生の指針

「本部幹部会」（一九八七年十二月四日、東京）

戸田先生は、「異体同心《いたいどうしん》の心《しん》というものは、心《こころ》ではないのです。異体同心の心《しん》は、信《しん》ずる心《こころ》です。信仰《しんこう》が同じという意味です。それが異体同心である。その心が強ければ強いほど、いかなることがあっても、青年は敗《やぶ》れることはない」（『戸田城聖全集4』）と述《の》べられた。

異体同心《いたいどうしん》とは、たんに仲《なか》がいいとか、気が合うとか、そのような表面的次元《じげん》の問題ではない。生命をかけて御本尊を信じ、何があっても大聖人の御生命《ごせいめい》から離《はな》れない。どこまでも、ともに進んでいく。その不退《ふたい》の「信心」こそ、異体同心の「心《こころ》」である。その信仰《しんこう》の一念《いちねん》と広宣流布という目的《もくてき》が同じであるゆえに、同志《どうし》であり、異体同心なのである。

この同心《どうしん》の「心《こころ》」が、何かあるごとに、ぐらついたり、ひるがえったりしたのでは、真実の同志《どうし》とはいえない。また自身が人生の敗残者《はいざんしゃ》となってしまう。

「戸田先生が「その（信心という異体同心《いたいどうしん》の）心《こころ》が強ければ強いほど……青年は敗《やぶ》れることはない」と言われたことを、深く銘記《めいき》しなければならない。

23-8

団結《だんけつ》の鍵《かぎ》は一人立つ信心

真《しん》の異体同心《いたいどうしん》の団結《だんけつ》を可能《かのう》とするのは、無責任《むせきにん》なもたれ合いを排《はい》し、自らが一人立つ信心で真剣《しんけん》に祈《いの》り戦うことであるという重要《じゅうよう》なポイントを語っています。

池田先生の指針

『随筆　新・人間革命』(「勝利の鉄則」の章、二〇〇一年五月十九日)

仏法は、和楽《わらく》であり、団結《だんけつ》であり、異体同心《いたいどうしん》である。皆《みな》が尊極《そんごく》の仏《ほとけ》であり、使命深《ふか》き地涌《じゆ》の菩薩《ぼさつ》である。

ゆえに互《たが》いに尊敬《そんけい》し合い、仲良《なかよ》く助け合っていくことだ。そうすれば、人生と広布の勝利は間違《まちが》いない。絶対《ぜったい》に無敵《むてき》である。

仲《なか》が悪ければ、皆《みな》が苦しむ。不幸《ふこう》であり、破滅《はめつ》であり、地獄《じごく》である。

団結《だんけつ》は力《ちから》である。団結は正しい。団結は美しい。団結は楽しい。

堅固《けんご》な団結《だんけつ》は、必ず各人《かくじん》の「境涯《きょうがい》の拡大《かくだい》」をともなう。広宣流布の回転に心を合わせれば、自分中心の小さなエゴの殻《から》を破《やぶ》っていけるからだ。

学会と共《とも》に！　同志《どうし》と共に！　正義《せいぎ》の師弟《してい》が共々《ともども》に！　その心があればこそ、偉大《いだい》なる人間革命の山を登ることができるのだ。

では、団結《だんけつ》の鍵《かぎ》は何か。

それは、一見、矛盾《むじゅん》するようであるが、自らが「一人立つ」ことである。

自分が真剣《しんけん》に祈《いの》り、強くなることだ。

「誰《だれ》かがやるだろう」と、安易《あんい》に考えている限《かぎ》り、どこまでいっても、真《しん》の団結《だんけつ》を築《きず》くことはできない。他《た》を頼《たの》む、無責任《むせきにん》なもたれ合いは、所詮《しょせん》、脆弱《ぜいじゃく》な〝烏合《うごう》の衆《しゅう》〟

に終わるからだ。

「青年よ、一人立て！　二人は必ず立たん、三人はまた続くであろう」――これが戸田先生が示《しめ》された広宣流布の方程式《ほうていしき》であった。

23-9

SGIの根本精神《こんぽんせいしん》

仲《なか》の良《よ》い、麗《うるわ》しい異体同心《いたいどうしん》の団結《だんけつ》こそが、広宣流布推進《すいしん》の鉄則《てっそく》であり、SGIの永遠《えいえん》の根本精神《こんぽんせいしん》であると呼《よ》び掛《か》けています。

池田先生の指針

「SGI代表協議会」（二〇〇二年十一月十五日、東京）

広宣流布は万年の長征《ちょうせい》である。少しもあせる必要はない。今は、一人また一人と、人材《じんざい》を育て、揺《ゆ》るぎない土台をつくることである。

そのうえで、それぞれの国の広布の伸展《しんてん》を拝見《はいけん》して、一つ言えることがある。それ

は、大きく発展《はってん》しているところは、中心幹部が和気《わき》あいあいと仲良《なかよ》く団結《だんけつ》していると
いうことである。
御書には「異体同心《いたいどうしん》であれば万事《ばんじ》を成就《じょうじゅ》できる」（一四六三ジペー、通解）と仰《おお》せである。
仏法は、一面からいえば「人間学」である。人間としての振《ふ》る舞《ま》いが、いかにある
べきか。どう振る舞えば、どのような結果《けっか》が示《しめ》されるか――このことを透徹《とうてつ》した人間
観察《かんさつ》から説《と》いたのが仏法である。
万事《ばんじ》を成《じょう》ずるためには、異体同心《いたいどうしん》でなくてはならない。これこそ、広布推進《すいしん》の鉄則《てっそく》
である。
反対に、「異体異心《いたいいしん》」であれば「城《しろ》にいる者《もの》が城を破《やぶ》るようなものである」（御書一
三三七ジペー、通解）とも大聖人は戒《いまし》めておられる。
「魚《さかな》は頭《あたま》から腐《くさ》る」という言葉がある。幹部《かんぶ》になればなるほど、心を一つにしてい
くことである。自分が苦労《くろう》した人は、他人《たにん》の苦労もわかってあげられる。自分が努力《どりょく》
したからこそ、他人の努力の尊《とうと》さがわかるのである。

今、SGIの組織活動を進めていくうえで、具体的《ぐたいてき》に「合議《ごうぎ》の体制《たいせい》で和楽《わらく》の組織」「青年を大切にし、後継者《こうけいしゃ》の育成《いくせい》」「女性《じょせい》の声を大切にし、壮年部、婦人部、青年部が団結《だんけつ》」等の点を皆《みな》で心がけている。

この流れを、ますます強め、深めてまいりたい。これこそ、大聖人の「異体同心《いたいどうしん》」の仰《おお》せに合致《がっち》した、理想的《りそうてき》なあり方であるからだ。

仏法の世界にあっては、全員が平等であり、尊厳《そんげん》である。皆《みな》に使命がある。皆《みな》が、等しく、日蓮大聖人の直弟子《じきでし》である。

ゆえに、皆《みな》が意見を言える。また、皆の意見を聞く。そして、皆で協議《きょうぎ》するという組織《そしき》の雰囲気《ふんいき》がきわめて重要《じゅうよう》となる。現実に、学会本部も、そうなっている。

グアムでのSGI結成《けっせい》のとき、私は申し上げた。

「皆《みな》さん方は、どうか、自分自身が花を咲《さ》かせようという気持ちでなくして、全世界に妙法という平和の種《たね》を蒔《ま》いて、その尊《とうと》い一生を終わってください。私もそうします」

私は、グアムでの言葉どおり、世界中を東奔西走《とうほんせいそう》してきた。皆《みな》さまも尊《とうと》い地涌《じゆ》の使命に生きぬいてこられた。

今、その種《たね》が、芽《め》を出し、枝《えだ》を伸《の》ばし、葉《は》を茂《しげ》らせて、希望《きぼう》と幸福と平和の花を、世界中で、咲《さ》かせつつあるのである。

23-10 人類《じんるい》の融合《ゆうごう》をリードする力《ちから》

異体同心《いたいどうしん》の団結《だんけつ》は、あらゆる難《なん》に打ち勝って広宣流布を前進させていく原《げん》動力《どうりょく》であるとともに、人類《じんるい》を平和と共生《きょうせい》へと導《みちび》いていく哲学《てつがく》であると指摘《してき》しています。

池田先生の指針

『御書と青年』

大聖人が仰《おお》せになられた「異体同心《いたいどうしん》の団結《だんけつ》」が、どれほど強く尊《とうと》いか。あの熱原《あつはら》の法難《ほうなん》を勝ち越《こ》えたのも、「異体同心《いたいどうしん》の団結《だんけつ》」があったからです。

若《わか》き日興上人《にっこうしょうにん》は、折伏《しゃくぶく》の大闘争《だいとうそう》の指揮《しき》を駿河地方《するがちほう》（静岡県中央部）で執《と》られました。大聖人の御心《おこころ》を、農村の門下にも、そのまま伝《つた》え、師弟直結《していちょっけつ》の信心を打《う》ち込《こ》んでいかれたと考えられます。

さらに、当時の身分や立場などの垣根《かきね》を越《こ》えて、互《たが》いに平等で尊敬《そんけい》し合う同志《どうし》の連帯《れんたい》を強めていかれました。ゆえに、いかなる迫害《はくがい》にも屈《くっ》しない金剛不壊《こんごうふえ》の和合僧《わごうそう》が築《きず》き上《あ》げられたのです。

「熱原《あつはら》の三烈士《さんれっし》」の殉教《じゅんきょう》は、何ものにも負けない、真《しん》の民衆《みんしゅう》仏法の確立《かくりつ》を告《つ》げました。「異体同心《いたいどうしん》の団結《だんけつ》」は、師匠《ししょう》の御心《おこころ》を根幹《こんかん》として、不二《ふに》の弟子が最前線《さいぜんせん》に分け入って創《つく》り上げていくものである。このことを、日興上人《にっこうしょうにん》は示《しめ》してくださったのです。牧口先生と戸田先生が、広布を進めるために創立《そうりつ》された「異体同心《いたいどうしん》の組織《そしき》」が学会です。

「異体同心《いたいどうしん》なればかちぬ《勝》」（御書一四六三ジペー）と大聖人は仰《おお》せです。また、勝つことが「異体同心の実証《じっしょう》」なのです。

いずこの国にあっても、わが友は、皆《みな》、仲良《なかよ》く団結《だんけつ》し、良《よ》き市民《しみん》、良き国民《こくみん》として、社会に貢献《こうけん》し、信頼《しんらい》を勝《か》ち得《え》ておられる。

あくまでも「異体同心《いたいどうしん》」であって「同体同心《どうたいどうしん》」ではない。皆《みな》、それぞれ大切な個性《こせい》がある。職業《しょくぎょう》も違《ちが》う。年齢《ねんれい》や性別《せいべつ》、性格《せいかく》も、千差万別《せんさばんべつ》です。

「御義口伝《おんぎくでん》」には「桜梅桃李《おうばいとうり》の己己《ここ》の当体《とうたい》を改《あらた》めずして」（御書七八四ジペー）とあります。それぞれの持《も》ち味《あじ》を、最大限《さいだいげん》に発揮《はっき》していけるのが大聖人の仏法です。

「異体同心《いたいどうしん》の団結《だんけつ》」は、一人一人がわが使命の舞台《ぶたい》で最高に輝《かがや》きながら、広宣流布という無上《むじょう》の目的《もくてき》へ共《とも》に前進するなかで生まれる。それは人から言われてではない。「自発能動《じはつのうどう》」の団結であり、「自体顕照《じたいけんしょう》」の連帯《れんたい》です。

どこまでいっても大事なのは、一人一人の幸福です。人生の勝利です。「一人の宿命転換《しゅくめいてんかん》」「一人の成長《せいちょう》」が一切の根本《こんぽん》なのです。

御書には「松栄《まつさかえ》れば柏悦《かしわよろこ》ぶ芝《しば》かるれば蘭《らん》なく情無《じょうな》き草木《そうもく》すら友《とも》の喜《よろこ》び友の歎《なげ》き一つなり」（九三四ジペー）と仰《おお》せです。

友の喜《よろこ》びを、わが喜びとする。友の活躍《かつやく》を心から讃《たた》えていく。苦難《くなん》の時は一緒《いっしょ》に悩《なや》み、励《はげ》ましを送る。共《とも》に笑《わら》い、共に泣《な》いて、人生の幾山河《いくさんが》を越《こ》えていく。この人間性輝《かがや》く、温《あたた》かな結合《けつごう》に、真《しん》の「異体同心《いたいどうしん》」が生まれるのです。

戸田先生は、わかりやすく言われていた。

「君も苦労《くろう》しているか、君も貧乏《びんぼう》しているか、君も苦しいか、お互《たが》いに信心を奮《ふる》い起《お》こそうではないか——これを異体同心《いたいどうしん》というのです」と。

大聖人が若《わか》き南条時光《なんじょうときみつ》に教えられた法華経の一節に、「我等《われら》と衆生《しゅじょう》と皆共《みなとも》に仏道《ぶつどう》を成《じょう》ぜん」（御書一五六一ページ）とあります。「皆共に」です。皆で仏道修行《しゅぎょう》をし、共に向上していこう、勝利していこうとの誓願《せいがん》があれば、おのずと「異体同心《いたいどうしん》」になるのです。

有名な「異体同心事《いたいどうしんじ》」で大聖人は仰《おお》せです。

「異体同心《いたいどうしん》なれば万事《ばんじ》を成《じょう》じ同体異心《どうたいいしん》なれば諸事叶《しょじかな》う事《こと》なし」（御書一四六三ページ）

「日蓮が一類《いちるい》は異体同心《いたいどうしん》なれば人人《ひとびと》すくなく候《そうら》へども大事《だいじ》を成《じょう》じて・一定《いちじょう》法華経ひ

ろまりなんと覚《おぼ》へ候《そうろう》」（御書一四六三㌻）

どんなに人数が多くとも、どんなに権勢《けんせい》を誇《ほこ》ろうとも、心がバラバラでは勝利を得《え》ることはできない。反対に、たとえ人数が少なくても、各人《かくじん》が広宣流布へ「心」を合わせる「異体同心《いたいどうしん》の団結《だんけつ》」があれば、万事《ばんじ》を成《な》すことができると結論《けつろん》されている。

◇

〈「マハトマ・ガンジーの直系《ちょっけい》の弟子であったパンディ博士（インド国立ガンジー記念館副議長）も、紛争《ふんそう》の歴史《れきし》を転《てん》じゆく願《ねが》いを込《こ》めて、こう語られました。『何よりも人《じん》類《るい》を融合《ゆうごう》させるために皆《みな》が団結《だんけつ》すべきです。それには創価学会が有効《ゆうこう》な働《はたら》きをもっていると信じます』と。なぜ、創価の異体同心《いたいどうしん》には、人類の融合をリードする力《ちから》があるのでしょうか？」との青年の問いに対して〉

第一に、深い「哲学《てつがく》」があるからです。

第二に、たゆまぬ「行動」があるからです。

第三に、一貫《いっかん》した「勇気《ゆうき》」があるからです。

異体同心《いたいどうしん》には、万人《ばんにん》が皆《みな》、平等であり、尊極《そんごく》の生命であるという法華経の「哲学《てつがく》」が裏《うら》づけにあります。

日蓮仏法には、人種《じんしゅ》や民族《みんぞく》、階層《かいそう》、男女などの差別《さべつ》がまったくありません。大聖人は「一人《ひとり》を手本《てほん》として一切衆生平等《いっさいしゅじょうびょうどう》」（御書五六四ジペー）であり、「男女《なんにょ》はきらふべからず」（御書一三六〇ジペー）と宣言《せんげん》されています。

「万人《ばんにん》の成仏《じょうぶつ》」という可能性《かのうせい》を信じ抜《ぬ》いているからこそ、「異体《いたい》」の「同心《どうしん》」が成《な》り立《た》つ。一人一人が妙法の力《ちから》によって最大《さいだい》に輝《かがや》いているからこそ、最高の調和が可能になるのです。

創価の異体同心《いたいどうしん》が、なぜ強いか。たゆまず対話の「行動」を積《つ》み重《かさ》ねているからです。手を抜《ぬ》かないからです。

組織《そしき》の異体同心《いたいどうしん》といっても、人類《じんるい》の結合《けつごう》といっても、原理は同じです。友のもとへ、何度も何度も足《あし》を運《はこ》ぶ。立場や肩書《かたがき》ではなく、一人の人間として語り合い、心を結《むす》んでいく。その堅実《けんじつ》な繰《く》り返《かえ》しから、真実の和合《わごう》が生まれるのです。

また社会にあっては、どんなに不信《ふしん》の壁《かべ》が立ちはだかっていても、爪《つめ》を立てる思いで、誠実《せいじつ》に対話を繰《く》り返《かえ》してきた。だからこそ、妙法は、世界に広まったのです。

仏法は峻厳《しゅんげん》です。「月月《つきづき》・日日《ひび》につより《強》給《たま》へ・すこしもたゆむ《撓》心《こころ》あらば魔《ま》たよりをうべし」（御書一一九〇ジ《ペー》）と仰《おお》せの通り、油断《ゆだん》すれば、魔に付《つ》け入る隙《すき》を与《あた》えてしまう。魔とは分断《ぶんだん》を狙《ねら》う働《はたら》きでもある。

一人一人が自《みずか》らを人間革命しながら、広宣流布の大願《だいがん》のために心を一致《いっち》させる「鉄《てっ》桶《とう》の団結《だんけつ》」こそが、魔《ま》を打《う》ち破《やぶ》り、「異体同心《いたいどうしん》の勝利」を実現するのです。

「異体同心《いたいどうしん》」の「心」とは「広宣流布を願《ねが》う心」です。「同志《どうし》を尊敬《そんけい》する心」です。「師子王《ししおう》の心」です。その究極《きゅうきょく》は「師弟不二《していふに》の心」です。

苦しい時こそ、題目を朗々《ろうろう》と唱《とな》え抜《ぬ》くことです。題目は師子吼《ししく》です。

大変《たいへん》な時こそ、けなげな同志《どうし》に、声を惜《お》しまず、ねぎらいと励《はげ》ましを送り続けることです。

第二十四章　皆《みな》を幸福に導《みちび》くリーダー

この章を読むに当たって

池田大作先生は、御聖訓通《ごせいくんどお》りに三類《さんるい》の強敵《ごうてき》が競《きそ》い起《お》こる中、広宣流布を進める仏《ほとけ》に等《ひと》しき学会員を矢面《やおもて》に立って守ってきました。その真情《しんじょう》をこう綴《つづ》り残《のこ》しています。

「共《とも》に苦楽《くらく》をなし来《きた》りし学会員ほど、尊《とうと》く美しく、可愛《かわい》き人々は、この世《よ》に存在《そんざい》しない。私は会員のために戦う。それが正義《せいぎ》だからだ」

「学会は最高の人間性の会である。善人《ぜんにん》が迫害《はくがい》される末法《まっぽう》なるが故《ゆえ》に、学会員一人ひとりを強く自立《じりつ》せしめてゆくことだ。いな、大衆《たいしゅう》一人ひとりを強くせしめゆくことだ。これ以外《いがい》に、永久《えいきゅう》の人類《じんるい》の幸福はない」

さらに、池田先生は二〇〇一年一月二日、二十一世紀最初のスピーチでこう語っています。

「私の願《ねが》いは何か。創価学会のリーダーの願いは何か。

それは、すべての同志《どうし》が健康《けんこう》で、楽しく、朗《ほが》らかな人生を生きることである。一人ももれなく、愉快《ゆかい》な人生、幸福な人生を勝ち取ってもらいたい。そう私は祈《いの》りに祈っている。

そのための学会活動である。そのための広宣流布である。皆《みな》が、そういう人生を歩《あゆ》んでいくことが、創価学会の目的《もくてき》なのである」

皆《みな》を断《だん》じて幸福に導《みちび》かんとする池田先生の偉大《いだい》なリーダーシップがあったればこそ、創価学会は、あらゆる三障四魔《さんしょうしま》を勝ち越《こ》えて、世界広宣流布の黎明《れいめい》を開くことができました。

本章では、創価の永遠《えいえん》の指針《ししん》ともいうべき、池田先生の指導者論《しどうしゃろん》を紹介《しょうかい》します。

24-1 指導者革命《しどうしゃかくめい》

初代会長・牧口常三郎《つねさぶろう》先生、第二代会長・戸田城聖《じょうせい》先生の指導者論《しどうしゃろん》を紹介《しょうかい》しつつ、創価のリーダーとは、皆《みな》を徹《てっ》して敬《うやま》い、励《はげ》まし、皆に尽《つ》くし抜《ぬ》いていく人であり、指導者革命の体現者《たいげんしゃ》であると語っています。

池田先生の指針

「SGI総会」（一九九六年六月二十三日、アメリカ）

皆《みな》さまは、それぞれの社会、地域《ちいき》にあって、無償《むしょう》で、大勢《おおぜい》の仏子《ぶっし》のことを、わが子のごとく祈《いの》り、守り、尽《つ》くし、励《はげ》ましておられる。その姿《すがた》は、まさに、偉大《いだい》なる菩薩《ぼさつ》の振《ふ》る舞《ま》いであり、尊《とうと》き仏《ほとけ》の境涯《きょうがい》に通《つう》じる。

御書に「教弥よ実なれば位弥よ下れり」《きょういよいじつなればくらいいよいよくだれり》（三三九ページ）——教えが正しいほど（功徳《くどく》が大きいので）修行《しゅぎょう》の位や機根《きこん》の低《ひく》い人たちをも救《すく》うことができる——とある。

これは「法」について述《の》べられているが、「指導者《しどうしゃ》」に約《やく》していえば、信心が深《ふか》まるほど、同志《どうし》を敬《うやま》い、より多くの人に尽《つ》くしていかねばならない、と拝《はい》することもできよう。

因果《いんが》の理法《りほう》に照《て》らして、今、多くの人々を大切にし、面倒《めんどう》をみた福運《ふくうん》によって、生々世々《しょうじょうせぜ》、多くの人々に守られ、ささえてもらえる境涯《きょうがい》となる。今世の仏道修行《ぶつどうしゅぎょう》は、生々世々、大指導者《だいしどうしゃ》となりゆく修行なのである。

牧口先生も、『創価教育学体系』において、「指導者革命《しどうしゃかくめい》」を提唱《ていしょう》されていた。すなわち、民衆《みんしゅう》が、権力者《けんりょくしゃ》が生きのびるための〝手段《しゅだん》〟にされる時代を終わらせなければならない。そして、自己《じこ》の生活をささげ、民衆に貢献《こうけん》していく新たなリーダーを陸続《りくぞく》と輩出《はいしゅつ》していかねばならない、と。

リーダーは、いわゆる「上に立つ」人ではない。ましてや、「自分は特別《とくべつ》」とし、民衆《みんしゅう》を見くだすなどということは、論外《ろんがい》である。皆《みな》の中に入っていこう、皆を尊敬《そんけい》していこう、皆から謙虚《けんきょ》に学んでいこうと思った瞬間《しゅんかん》に、偉大《いだい》な指導者《しどうしゃ》へと出発できる。ここに、牧口先生の「指導者革命」の一つの焦点《しょうてん》もあった。

会員のため、広布のためなのか、それとも、自分中心で学会と会員を利用《りよう》しているのか。

その、目には見えない一念《いちねん》の差《さ》は、やがて大きな違《ちが》いとなって現《あらわ》れる。

戸田先生は言われた。

「きょう、ここに集まった人たちは学会の幹部《かんぶ》であり、自分自身が幸福になると同時に、自分の指導《しどう》している人たちが、幸福にならなければいけないと考えている人ばかりだと思います。

自分が幸福になるぐらいは、なんでもない。かんたんなことです。他人《ひと》まで幸福にしていこうというのが信心の根底《こんてい》です。そのように、まっすぐに御本尊様を拝《おが》んで信心を強くし、信仰《しんこう》のためには、何もいらないという気がなければ、ほんとうの指導《しどう》はできないと思う」（『戸田城聖全集　4』）と。

どうか、リーダーとして、〝皆《みな》を断《だん》じて幸福にしてみせる〟〝皆を必ず勝たせてみせる〟との誓願《せいがん》を、炎《ほのお》のごとく燃《も》やしていただきたい。

具体的《ぐたいてき》には、リーダーは、メンバーをほめたたえ、励《はげ》ますことが大事である。感情《かんじょう》で怒《おこ》ったり、どなったりするようなことは、決してあってはならない。

仏子《ぶっし》をほめたたえていく人は、王者《おうじゃ》の山であるヒマラヤのごとく、揺《ゆ》るぎない大福運《だいふくうん》の人生を築《きず》くことができる。

また大聖人は仰《おお》せである。

「法華経の功徳《くどく》はほむれば弥《いよいよ》功徳まさる、二十八品は正《まさし》き事《こと》はわずかなり讃《ほ》むる言《ことば》こそ多《おお》く候《そうら》へと思食《おぼしめ》すべし」（御書一二四二ジペー）――法華経の功徳は、ほめれば、いよいよ功徳が多くなる。法華経二十八品は、教えそのものはわずかである。ほめる言葉こそ多くあると、知っておかれるがよい――。

まず「ほめること」である。人間である以上、さまざまな感情《かんじょう》の起伏《きふく》があるのは当《とう》然《ぜん》である。

だからこそ、リーダーは、たとえば、開口《かいこう》一番、「サンキュー!」「ご苦労《くろう》さまです!」と気持ちよく、皆《みな》に声をかけていく心がほしい。

そうすれば、相手も自分も、すがすがしい。喜《よろこ》びが広がり、功徳《くどく》が増《ま》していく。

24-2 心の大きな人に

皆《みな》を大切にする人、皆から学ぼうとする人、皆に安心と喜《よろこ》びを与《あた》える大境《だいきょう》涯《がい》の人が、創価のリーダーであると語っています。

池田先生の指針

「SGIアメリカ本部開館記念勤行会」（一九九三年九月十八日、アメリカ）

「心の大きい人」は幸せである。そうなるのが信心である。「心の大きい人」になっていただきたい。

大きな海には、何《なん》でも入る。小さな池には、少しのものしか入らない。

日蓮大聖人の仏法は宇宙大《うちゅうだい》である。その信仰者《しんこうしゃ》である私どもも、「大きな心」に、あの友、この友を容《い》れ、人を大切にし、家族を大切にし、ともに人生を楽しみながら、すばらしい、大いなる人生を生きてまいりたい。

もちろん、悪に対しては徹底《てってい》して厳《きび》しく戦わなければならない。そのうえで、友には寛大《かんだい》に、人の幸せを考えてあげる余裕《よゆう》のある人であっていただきたい。

ああ、あの人は病気だ。あの人は経済的《けいざいてき》に悩《なや》んでいる。なんとか激励《げきれい》してあげよう——そう思い、祈《いの》り、動いてあげられるのが仏法者である。かりに自分は苦しくても、人には喜《よろこ》びをあたえる。その人が菩薩《ぼさつ》である。

自分は何があっても大丈夫《だいじょうぶ》だ。自分は心配ない。それよりも、あの人を救《すく》おう。あの人に希望《きぼう》をあたえよう。そういう「大きな心」の自分自身になっていただきたい。

それが仏道修行《ぶつどうしゅぎょう》である。この修行の山を登れば、必ず盤石《ばんじゃく》な福運《ふくうん》が生命に積《つ》まれていく。

「皆《みな》から学ぼう」という余裕《よゆう》をもっていただきたい。

〝あの人の信心は立派《りっぱ》だ。学ぼう〟〝あの人の家庭生活はすばらしい。学ぼう〟――だれからでも何か学ぶものがある。

つねに学ぶ謙虚《けんきょ》さは、その人の大きさの表れである。

とくに、リーダーは、組織《そしき》の立場が上というだけで、何《なん》でも自分が偉《えら》いように慢心《まんしん》してしまう。そういう傾向《けいこう》がある。そして、いばったり、立派《りっぱ》な人を下に見たりする。それでは人々が離《はな》れる。自分の福運《ふくうん》も消してしまう。

リーダーは、立場が上になればなるほど、「皆《みな》から学ぼう」という姿勢《しせい》を強くもっていただきたい。

まして仏眼《ぶつげん》・法眼《ほうげん》すなわち「信心の眼《まなこ》」で見れば、メンバーは皆《みな》、仏様であり、諸《しょ》天善神《てんぜんじん》なのである。

リーダーとは「人に喜《よろこ》びをあたえる」人のことである。これがリーダーの根本要件《こんぽんようけん》である。

一般的にも、人を悲しませたり、傷《きず》つけたり、抑《おさ》えつけたりする人は、リーダー失《しっ》格《かく》である。

いわんや仏法の世界である。立場に傲《おご》って、いばるリーダーは、周囲《しゅうい》からも嫌《きら》われ、自分自身をも不幸《ふこう》にしてしまう。

リーダーは、「あの人に会ったら、本当に『安心』した。『納得《なっとく》』し、心が安《やす》らぎ、『勇気《ゆうき》』がわいてきた。『自信《じしん》』がつき、『希望《きぼう》』が出てきた」――そう言われるよう、努力《どりょく》してほしい。

上から号令《ごうれい》し、命令《めいれい》するようなことは絶対《ぜったい》にあってはならない。

友に、ふくよかな「安穏《あんのん》」をあたえゆく、優《やさ》しいリーダーであっていただきたい。

自分には厳《きび》しく、人には優しい。それが「信心が強い」人なのである。

㉔-3 自《みずか》ら模《も》範《はん》を示《しめ》す

インド独立《どくりつ》の父ガンジーのエピソードを通して、リーダー自身が、自《みずか》ら率《そっ》先《せん》して実践《じっせん》し、自らを革命してこそ、相手の心を変革《へんかく》することができると訴《うった》えています。

池田先生の指針

「アジア平和文化会議」(一九九九年二月二十日、沖縄)

ガンジーのお孫《まご》さんのアルン・ガンジー氏が子どものころ、こんな経験《けいけん》をしたそうである。

とても甘《あま》い物《もの》が好《す》きな男の子がいた。ガンジーのいた研修道場（アシュラム）に、両親とともに来ていた。七歳くらいの男の子だった。甘い物を食べすぎて、全身に湿《しっ》疹《しん》ができていた。親がどんなに言い聞かせてもだめだった。隠《かく》れて甘い物に手を出してしまう。

悩《なや》んだ母親は、男の子を連《つ》れて、ガンジーのもとにやって来た。

母親の話を聞いて、ガンジーは言った。

「わかった。わたしが子どもに話してあげよう。ただし、十五日だけ待ってほしい。十五日たったら、また来なさい」

母親は、わけがわからなかったが、言われたとおり、十五日後に、やって来た。

するとガンジーは、男の子だけを自分のそばに呼《よ》んで、何か短い話をした。時間にして、たった三十秒ほど。それだけで、ガンジーの話は終わった。

それなのに、どうしたことか、男の子は、それ以来《いらい》、ぴたりと甘《あま》い物《もの》を食べなくなった。母親は驚《おどろ》いた。

「まあ、ガンジーさんは、どんな魔法《まほう》を使ったんだろう？」

後日、母親はガンジーのもとに行って、何を話したのか、聞いてみた。

ガンジーは答えた。

「わたしは別《べつ》に魔法《まほう》なんか使ってないよ。わたしは自分ができないことを、人に命《めい》じることはできない。だから、男の子に『甘《あま》い物《もの》を食べないように』と話す前に、私自身が十五日間、甘い物を断《た》ったのだ。そのために、あなた（母親）に『十五日間、待ってほしい』と言ったのだ。子どもが来た時、私は『あれから十五日間、自分も甘い物を口《くち》にしないで、きたんだよ』と教えた。そして『君の病気が治《なお》って、君がまた甘い物を食べられるようになるまで、私も甘い物は食べない』と、男の子に話したのだよ」

つまり、「自分も頑張《がんば》る。だから君も頑張れ！」——ここにガンジーの成功《せいこう》の秘密《ひみつ》があった。

孫《まご》のアルン・ガンジー氏は語る。

「指導者《しどうしゃ》、教育者は、みずから模範《もはん》を示《しめ》して初めて、人々を引《ひ》っ張《ぱ》ることができます。これがガンジーの信念《しんねん》であり、カリスマ的《てき》な（神秘的《しんぴてき》なまでに人を引きつける）ガンジーの指導力《しどうりょく》の秘密《ひみつ》でした。非暴力《ひぼうりょく》の真髄《しんずい》は、人を教育する力《ちから》であり、教育とは『模範を示す』ことなのです」と。

創価学会の発展《はってん》の秘訣《ひけつ》も、指導者《しどうしゃ》が模範《もはん》を示《しめ》したからである。「みずから実践《じっせん》」し、「みずから苦労《くろう》」してきたからである。そうでなければ官僚主義《かんりょうしゅぎ》になる。口先《くちさき》主義になる。

日本の国も行き詰《づ》まりきっている。その処方箋《しょほうせん》は、さまざまに論《ろん》じられている。「こうすればいい」「ああすれば良《よ》くなる」。それはそれで結構《けっこう》だが、一つだけ欠《か》けていることがある。それはじつに単純《たんじゅん》なことである。

「言っている人間が、模範《もはん》を示《しめ》せ！」ということである。

すばらしい話をしている当人《とうにん》が、その話を、そのまま実践《じっせん》したら、あっというまにすばらしい国になるはずである。しかし、現実は反対である。「自分は利己主義《りこしゅぎ》で生きて、人には我慢《がまん》と忍耐《にんたい》を説《と》く」ような指導者《しどうしゃ》が多すぎる。

例《れい》の男の子の家では、家族みんなが甘《あま》い物《もの》が大好《だいす》きで、いつも食べていた。それでいて子どもにだけ「甘い物はやめなさい」と言っても、聞くわけがなかった。

インドの独立運動《どくりつうんどう》の時、あの厳《きび》しい戦いに、どうして人々は耐《た》えられたのか？　ある時は「とても無理《むり》だ」というような苦しい課題《かだい》もあった。それでも人々がガンジーに従《したが》ったのは、なぜか？

それは「ガンジーは自分がやっていないことを、人々には要求《ようきゅう》しなかった」からである。デモの時も、自分が先頭に立った。いつも「いちばん大変《たいへん》な所」に行った。じつは、ここに非暴力《ひぼうりょく》の真髄《しんずい》がある。

「まず自分を革命する。それを通して、相手の心を変革《へんかく》する」。これである。

24-4 心をつかむ慈愛《じあい》と知恵《ちえ》を

一人一人の状況《じょうきょう》や心情《しんじょう》に応《おう》じてこまやかに心を砕《くだ》き、柔軟《じゅうなん》に、聡明《そうめい》に接《せっ》していく慈愛《じあい》や知恵《ちえ》こそが、価値創造《かちそうぞう》のリーダーの要件《ようけん》であると語っています。

池田先生の指針

「本部幹部会」（一九九六年二月二十四日、東京）

日蓮大聖人は仰《おお》せである。

「人のものをしふる《教》と申《もう》すは車《くるま》のおも《重》けれども油《あぶら》をぬりてまわり・ふね《船》を水《みず》にう

かべてゆ《往》きやすきやうにをしへ候《そうろう》なり」（御書一五七四ページ）――人がものを教えるというのは、車輪《しゃりん》が重かったとしても油を塗《ぬ》ることによってまわるように、また、船を水に浮《う》かべて進みやすくするように教えるのである――。

大切なご指導《しどう》である。車輪《しゃりん》が重いのに、油も差《さ》さずに無理《むり》やりまわせば、壊《こわ》れてしまうであろう。人にものを教えるということも同じである。

「この人の心を軽くしてあげるためには、今、何を話してあげればよいのか」「あの友が生き生きと前進するには、どう励《はげ》まし、何をしてあげるのが、いちばんよいだろうか」。このように心をくだくことである。

相手が何を思っているかも考えずに、一方的《いっぽうてき》に〝指導《しどう》〟したとしても価値《かち》がない。相手が、おなかがすいているのに、長々としゃべる（笑い）、体《からだ》の調子が悪いのに、ただ頑張《がんば》れ、頑張れ――これでは頑張ろうと思っている人でさえ、いやになってしまう。

相手が求《もと》めているものをあたえる。何をしてあげればよいかを考える、手を打つ

――この慈愛《じあい》が大切なのである。慈愛から知恵《ちえ》は生まれる。

たとえば男子部、学生部には、どんなむずかしい話をするよりも、「おなかがすいているだろう。おそばでもごちそうしてあげよう」と言ってあげたほうが、発心《ほっしん》する場合もある（笑い）。

なかなか広布の活動が進まないで悩《なや》む女子部員に、「心配しなくてもいいよ。私がやっておくから」と、言葉だけでも（笑い）かけてあげれば、どれほど安心をあたえることができるか。

事実、広宣流布の結果《けっか》を出そうという、その「心」があれば、それだけですばらしいことなのである。

画一的《かくいつてき》な指導《しどう》はいけない。一切法《いっさいほう》が、すべて仏法である。宇宙全体《うちゅうぜんたい》が、森羅万象《しんらばんしょう》が、すべて仏法なのである。

大きく、広々《ひろびろ》と考えていくべきである。柔軟《じゅうなん》に、また自在《じざい》に知恵《ちえ》を使って、皆《みな》を元気にしていくことである。それが本当の「強盛《ごうじょう》な信心」である。

妙法の大確信《だいかくしん》をもって、こまやかに心をくだき、柔軟《じゅうなん》に、聡明《そうめい》に、友の心に応《こた》えていく。これがリーダーの条件《じょうけん》である。そうでなければ、多くの人の心をつかむことはできない。広宣流布はできない。こういうリーダーが増《ふ》えていけば、広宣流布はさらにさらに拡大《かくだい》していく。

24-5 組織《そしき》はリーダーで決まる

組織《そしき》を発展《はってん》させていくためには、何よりもリーダー自身が人間革命に挑《いど》み、自《みずか》らの境涯《きょうがい》を開いていくことが重要《じゅうよう》であると強調しています。

池田先生の指針

「牙城会大学校五期生大会」（一九九〇年八月二日、静岡）

広布の伸展《しんてん》にともない、組織《そしき》が大きくなっていく。問題は、組織の発展《はってん》・規模《きぼ》に、人間の成長《せいちょう》が追いついていくかどうかである。もし、それができなければ、組織を〝幸福のための手段《しゅだん》〟として使いこなすことができなくなる。

そして逆《ぎゃく》に、組織《そしき》の歯車として人間が使われていくような、会員を手段化《しゅだんか》してよしとする〝組織悪《そしきあく》〟におちいってしまうであろう。

要《よう》するに「人間」と、官僚的命令系統《かんりょうてきめいれいけいとう》で組織《そしき》を動かそうとする「組織力学《りきがく》」との競《きょう》争《そう》であり、「心」と「形」との競争であるともいえよう。

そこでもっとも大事なことは何か。それは、組織《そしき》の前途《ぜんと》を担《にな》うリーダー自身が、月々日々に境涯《きょうがい》を開きゆくことである。〝組織は、ある意味で、その中心者の器《うつわ》以上にはならない〟ということである。

人々の先頭に立つリーダーが、真剣《しんけん》に学び、懸命《けんめい》に戦いぬいて、「人間革命」し、境涯《きょうがい》を開いていく以外《いがい》に、組織《そしき》をよくしていく道はない。

まず自分自身の中に、人間的な組織《そしき》の発展《はってん》をもたらす「因《いん》」を築《きず》いていく。――こうした信仰《しんこう》の基本《きほん》に絶《た》えず立《た》ち戻《もど》って出発する。これがまた、大聖人の「本因妙《ほんいんみょう》の仏法」の精神《せいしん》にのっとった生き方である。

私は、いかなる広布の法戦《ほうせん》に臨《のぞ》んでも、真《ま》っ先《さき》に進んで戦い、みずからの境涯《きょうがい》を開いてきた。そして、皆《みな》が安心して進んでいけるように、舞台《ぶたい》を切り開いてきたつもりである。だからこそ、私は叫《さけ》んでやまない。後継《こうけい》の将《しょう》たる若《わか》き諸君《しょくん》は〝徹《てっ》して自身を磨《みが》きぬけ〟と。

リーダーにとって、自身の境涯《きょうがい》を開く実践《じっせん》とは何か。

端的《たんてき》にいえば、正法《しょうほう》の信心の深化《しんか》は当然《とうぜん》のこととして、広布に励《はげ》みゆく同志《どうし》に、徹《てっ》して奉仕《ほうし》することである。より謙虚《けんきょ》に、より真剣《しんけん》に、同志を尊敬《そんけい》し、守りぬいていく。友のために知恵《ちえ》を尽《つ》くし、みずから率先《そっせん》して動くことである。

24-6 学会の役職《やくしょく》は尊《とうと》い生命の位《くらい》

ここでは、創価学会の役職《やくしょく》の重大《じゅうだい》な意義《いぎ》と責務《せきむ》について、明快《めいかい》に語っています。

池田先生の指針

「第二総東京最高協議会」(二〇〇五年二月三日、東京)

創価学会は、仏意仏勅《ぶついぶっちょく》の広宣流布の団体《だんたい》である。

ゆえに、創価学会の役職《やくしょく》は、広宣流布のための役職である。そこには、重大《じゅうだい》な意義《いぎ》がある。

その重大《じゅうだい》さを自覚《じかく》し、責任《せきにん》をもって自分の役職《やくしょく》を全《まっと》うしていく人は、最《もっと》も価値《かち》ある、最も充実《じゅうじつ》した人生を生きることができる。永遠《えいえん》にわたる福徳《ふくとく》を積《つ》みながら、勝利の方向へ、幸福の方向へと、確固《かっこ》たる軌道《きどう》を歩《あゆ》んでいくことができる。

国家にも、会社にも、さまざまな団体《だんたい》にも、役職《やくしょく》はある。しかし、学会の役職は、それらとまったく次元が違《ちが》う。三世の生命を貫《つらぬ》く、妙法を根幹《こんかん》としているからである。

社会的な肩書《かたがき》などを優先《ゆうせん》して、学会の役職《やくしょく》を下に見るようなことがあってはならない。

愚《おろ》かな人間は、学会の役職《やくしょく》を軽《かろ》んじ、いい加減《かげん》に考える。その人は結局、自分自身の福運《ふくうん》を破壊《はかい》し、不幸《ふこう》と敗北《はいぼく》の坂道を転落《てんらく》していく。

もちろん、役職《やくしょく》で信心が決まるわけではない。幹部《かんぶ》がいばるのは論外《ろんがい》であり、人間として最低《さいてい》である。リーダーは、多くの会員に尽《つ》くし、奉仕《ほうし》していく責務《せきむ》がある。

また、役職《やくしょく》で人を縛《しば》ることもない。心は自由自在《じゆうじざい》でよいのである。大切なのは、あくまでも信心である。問題は、役職を担《にな》った人の自覚《じかく》である。

学会は、人を救《すく》うための組織《そしき》である。悩《なや》める人々に信心を教え、皆《みな》が幸福になっていくための組織である。その組織における役職《やくしょく》は、これほど尊《とうと》いものはない。みずからの責任《せきにん》をいちだんと深く自覚《じかく》し、立派《りっぱ》に果《は》たしぬいていくことだ。その功《く》徳《どく》は絶大《ぜつだい》であり、生々《しょうじょう》世々、三世にわたって、崩《くず》れざる幸福を約束《やくそく》する生命の位《くらい》を得《え》ていくのである。

24-7 生き生きと生きよ

それぞれの地域《ちいき》や立場で広宣流布の指揮《しき》を執《と》る、壮年部や男女青年部の代表に対して、学会のリーダーのあり方について、懇談的《こんだんてき》に、さまざまな角度から語っています。

池田先生の指針

「各部代表との勤行会」(二〇〇四年九月十一日、東京)

戸田先生はつねに真剣勝負《しんけんしょうぶ》であった。上が本当に真剣であれば、皆《みな》も真剣になる。

そこには、厳《きび》しいなかにも、温《あたた》かい心が通《かよ》いあうものである。

「要《かなめ》」となる人間の自覚《じかく》がどうか。行動がどうか。それが、本末究竟《ほんまつくきょう》して全体の勝利も敗北《はいぼく》も決定《けってい》していく。

仏法は峻厳《しゅんげん》である。信心の一念《いちねん》においては、少しも、迷《まよ》いや狂《くる》いがあってはならない。

わがままな自己中心《じこちゅうしん》の心、増上慢《ぞうじょうまん》の心は、自分の信心を壊《こわ》し、人の信心をも壊してしまう。

「慢心《まんしん》」は信心を破壊《はかい》する「魔《ま》」である。慢心を打《う》ち破《やぶ》ってこそ、広宣流布の新しい発展《はってん》が始まることを、わが胸《むね》に刻《きざ》みつけていただきたい。

男性《だんせい》は女性《じょせい》を大事にし、尊重《そんちょう》していかねばならない。また、先輩《せんぱい》は後輩《こうはい》を守り、伸《の》ばしていくことだ。立場が上になるほど、人に対して謙虚《けんきょ》になる。いばらない。その人が本当に偉《えら》い人間である。

どこまでも、生き生きと生きることだ。

「年《とし》は・わか《若》うなり福《ふく》はかさなり」（御書一一三五ページ）と仰《おお》せのとおり、それが信心の証《あかし》であるからだ。

「煩悩即菩提《ぼんのうそくぼだい》」の仏法である。猛然《もうぜん》と祈《いの》り、悩《なや》みなど全部、吹《ふ》き飛《と》ばしていくのだ。

まして現代は、激《はげ》しい変化《へんか》の時代である。何事《なにごと》も、スピードが速い。そうであればあるほど、リーダーは若々《わかわか》しくなくてはいけない。

動かない。弱々しい。広布のために戦わない。その人は、どんどん、ふけこんでしまう。

戦い、動き、同志《どうし》のために頭《あたま》を使う。果敢《かかん》に勝負に挑《いど》んでいく。その人は、つねに若《わか》い。長生きする。喜《よろこ》びの人生となる。

胸《むね》を張《は》り、ぱーっと風が吹《ふ》き抜《ぬ》けるように快活《かいかつ》に進む。雄弁《ゆうべん》である。顔色もよく、生命力《せいめいりょく》に満《み》ちている。それが「勝つリーダー」の姿《すがた》といえよう。

学会の役職《やくしょく》は、最高に尊《とうと》い広宣流布の役職である。大きな責任《せきにん》を担《にな》うほど、苦労《くろう》も多いが、功徳《くどく》も大きい。人間として勝利する。社会においても輝《かがや》き、勝っていける。自分にとって得《とく》である。

ここには副役職《ふくやくしょく》の人もいる。もしも自分の責任《せきにん》を明確《めいかく》にせず、手を抜《ぬ》けば、功徳《くどく》は出ない。大事なのは、広布へ戦う心が燃《も》えているかどうかだ。「心こそ大切」なのである。

清《きよ》き心で、信心に徹《てっ》するならば、永遠《えいえん》に輝《かがや》きわたる自分自身の生命の鏡《かがみ》を磨《みが》いていけるのである。

広布の道をまっすぐに進み、わが使命の舞台《ぶたい》で勝利と栄光《えいこう》の歴史《れきし》を残《のこ》していただきたい。

24-8 「人」を見つけ「人」を育《そだ》てよ

「人材《じんざい》」を見つけ、自分以上に育《そだ》てることが創価のリーダーの使命であるという「永遠《えいえん》の指針《ししん》」を語っています。

池田先生の指針

「本部幹部会、婦人部幹部部会」（一九九四年一月二十日、東京）

牧口先生、戸田先生は、「人材育成《じんざいいくせい》」に最《もっと》も熱心《ねっしん》であった。
一切は「人」で決まる。「人材《じんざい》」で決まる。
「法」といっても「人」が大切である。「法」は「人」によって弘《ひろ》まり、「人」は

「法」によって栄《さか》える。

ゆえに幹部《かんぶ》の皆《みな》さまは、人材《じんざい》の育成《いくせい》に全力《ぜんりょく》で取り組んでいただきたい。後輩《こうはい》を自分の〝部下〟のように思ってはならない。「自分以上の人材《じんざい》なのだ」「自分以上に育《そだ》てていくのだ」――この決心が人を育て、自分を育てる。

「皆《みな》を幸福にしよう」「皆を偉《えら》くしよう」「皆の力《ちから》を発揮《はっき》させよう」――指導者《しどうしゃ》は、ここに心をくだくべきである。

ただ漫然《まんぜん》と活動しているだけでは、人は育《そだ》たない。意識《いしき》して祈《いの》り、育てなければならない。

惰性《だせい》の動きを繰《く》り返《かえ》しても、立体的《りったいてき》な人材《じんざい》の「金《きん》の塔《とう》」を築《きず》くことはできない。

牧口先生は、人材《じんざい》を育《そだ》てることは、「砂《すな》の中から金《きん》を探《さが》すようなもの」と言われていた。まったく、そのとおりである。

牧口先生は、学会の同志《どうし》をこうたたえておられる。

「諸君《しょくん》は真《まこと》に『砂中《さちゅう》の金《きん》』である。金は金でも初めからの金ではなかった。光ってはいなかった。泥《どろ》まみれの石であった」「それがひとたび見出《みいだ》されてみると、立派《りっぱ》な金として光っておられる」と。

人はだれでも、その中に「黄金《おうごん》の輝《かがや》き」をもっている。その黄金の光を、どのように輝かせてあげるか。このことをつねに考え、実現するのが指導者《しどうしゃ》である。

大勢《おおぜい》の人と会うことも大事、広く動くことも大事である。

しかし、それは何《なん》のためか。

結局は、「金《きん》の人材《じんざい》」を見つけ、育《そだ》て、その「黄金《おうごん》の光」を輝《かがや》きださせるためである。

その〝一点〟を忘《わす》れてはならない。

ゆえに戸田先生は、牧口先生のお心を継《つ》がれて獅子吼《ししく》された。

「学会は人材《じんざい》の城《しろ》を築《きず》け！」と。

「人材《じんざい》の城《しろ》」——私どもの永遠《えいえん》の指針《ししん》である。人材で戦い、人材で勝ち、人材で永《えい》遠《えん》に道を開く。これが、学会のモットーである。

私もまた、本年からいちだんと人材育成《じんざいいくせい》に力《ちから》をいれていく決心である。組織《そしき》の上にあぐらをかく〝要領《ようりょう》〟の人間ではなく、「本当に戦う人材《じんざい》」「会員のために苦労《くろう》できるリーダー」「世界に通用《つうよう》する指導者《しどうしゃ》」を育《そだ》てたい。動きながら訓練《くんれん》し、徹《てっ》して育成《いくせい》してまいりたい。

24-9 必死《ひっし》の一人は千万軍《せんまんぐん》に勝《まさ》る

難《なん》を一身に受けて師匠《ししょう》と同志《どうし》を守り抜《ぬ》かんとした池田先生の誓願《せいがん》の祈《いの》りと戦いがあってこそ、世界広宣流布の道が開かれたことを語っています。

池田先生の指針

「日本・イタリア代表者会議」（二〇〇〇年八月十一日、群馬）

私は、五十三年前（一九四七年）の八月、戸田先生の弟子となった。入信《にゅうしん》して間《ま》もなく、「如説修行抄《にょせつしゅぎょうしょう》」を拝《はい》した。その一節に、こう仰《おお》せである。

「真実《しんじつ》の法華経の如説修行《にょせつしゅぎょう》の行者《ぎょうじゃ》の師弟檀那《していだんな》とならんには三類《さんるい》の敵人決定《てきじんけつじょう》せり、されば此《こ》の経《きょう》を聴聞《ちょうもん》し始《はじ》めん日より思《おも》い定《さだ》むべし況滅度後《きょうめつどご》の大難《だいなん》の三類甚《はなはだ》しかるべしと」（御書五〇一㌻）――真実の法華経を、仏《ほとけ》の説《せつ》の如《ごと》く修行していく行者の弟子檀那となる以上は、三類の敵人が出現《しゅつげん》するのは決定的《けっていてき》である。それゆえ「この大法《だいほう》を聞いた日から、覚悟《かくご》を定めなさい。末法《まっぽう》には在世《ざいせ》以上に三類の敵人がはなはだしく現《あらわ》れるのである」（と、かねがね言ってきていた）――。

戸田先生の不二《ふに》の弟子として、私は誓願《せいがん》した。

「難《なん》は、私一人に受けさせてください。そして、師匠《ししょう》・戸田先生を守り、全学会員を守らせてください」と。

そして、この五十三年間、そのとおりに、祈《いの》りきり、戦いぬいてきた。

御聖訓《ごせいくん》どおりの「三類《さんるい》の強敵《ごうてき》」と、これだけの激《はげ》しい戦闘《せんとう》を続けながら、だれ一人として犠牲《ぎせい》にすることなく、百六十三カ国・地域（＝現在、百九十二カ国・地域）にわたる「世界広宣流布の道」を開いてきたことは、私の最高の誉《ほま》れである。

大聖人は、竜《たつ》の口《くち》の頸《くび》の座《ざ》において、「これほどの悦《よろこ》びをば・わらへかし」（御書九一四《ペー》ジ）――これほどの悦びはないと、笑《わら》っていきなさい――と言《い》い放《はな》たれ、佐渡流《さどる》罪《ざい》の渦中《かちゅう》にあって、「流人《るにん》なれども喜悦《きえつ》はかりなし」（御書一三六〇《ペー》ジ）――流人の境《きょう》遇《ぐう》にありながら、生命の奥底《おうてい》から、喜悦が限《かぎ》りなくあふれてくる――と仰《おお》せである。

人生は、広宣流布の闘争《とうそう》は、「煩悩即菩提《ぼんのうそくぼだい》」である。苦労《くろう》が大きければ大きいほど、喜《よろこ》びも大きい。功徳《くどく》も大きい。そして、境涯《きょうがい》も大きくなる。

ゆえに、指導者《しどうしゃ》は「自分が、いちばん苦労《くろう》してみせる！」と決めることである。同時に、「自分が、いちばん楽しんでみせる！」と朗《ほが》らかに、悠々《ゆうゆう》と生きぬき、戦いぬいていくことである。その人は、無敵《むてき》である。その人には、だれ人たりとも、かなわない。

「必死《ひっし》の一人」は千万軍《せんまんぐん》に勝《まさ》る。戦いは、リーダーの執念《しゅうねん》で決まる。責任感《せきにんかん》で決まる。

「断《だん》じて勝ってみせる！」

「必ず、わが地域《ちいき》の広宣流布は成《な》し遂《と》げてみせる！」

草創《そうそう》の同志《どうし》は皆《みな》、この心で立ち上がった。

その決心があれば、人材《じんざい》は出てくる。仏菩薩《ぶつぼさつ》に厳然《げんぜん》と感応《かんのう》していくのである。

要《よう》するに、決定《けつじょう》した「祈《いの》り」である。そして、春になると、野の花がいっせいに咲《さ》き薫《かお》るように、時が来れば、必ず、すべてが開花《かいか》していく。

24-10 同苦《どうく》の心

二〇〇六年の年頭《ねんとう》、日本各地が記録的《きろくてき》な大雪に見舞《みま》われるなか、池田先生のもと、新春の本部幹部会が行われました。そのスピーチの冒頭《ぼうとう》、池田先生は、大雪で交通事情《こうつうじじょう》の大変《たいへん》ななか、全国各地から集《つど》った同志《どうし》を心から讃《たた》えました。

池田先生の指針

「本部幹部会、全国婦人部幹部会」（二〇〇六年一月六日、東京）

この年末《ねんまつ》から年始《ねんし》にかけて、北海道、東北、信越、北陸、中国等々、全国各地で記《き》

録的《ろくてき》な大雪になった。とくに、秋田、新潟、福井をはじめ、大雪のなかで奮闘《ふんとう》してお
られる皆《みな》さま方《がた》に、心からのお見舞《みま》いを申し上げます。
大雪で交通事情《こうつうじじょう》の大変《たいへん》ななか、勇《いさ》んで集まってくださった皆《みな》さま方《がた》、本当にご苦労《くろう》
さまです。パン屋さんを営《いとな》んでいる総秋田の婦人部長は、じつに二日がかりで駆《か》けつ
けてくださった。そういうことも、よくうかがっている。
私は、小さなことも含《ふく》めて、どんなことでも、四六時中《しろくじちゅう》、報告を聞く。交通事故《こうつうじこ》が
起きれば、どこで起きたのか。今、病院に入っているのはだれで、どんな具合なのか。
朝から夜中まで、連絡《れんらく》が入ってくる。今まで、真夜中《まよなか》に跳《は》ね起《お》きて、お題目をあげた
ことが何度あったか。
学会の役職《やくしょく》は、一般世間《いっぱんせけん》でいうような「位《くらい》」や「立場」とは関係ない。ただただ、
会員のために、広布のために、峻厳《しゅんげん》な責任《せきにん》をもって、すべてやりきる――これが、本
当の創価学会の指導者《しどうしゃ》である。このことを、未来にわたって絶対《ぜったい》に忘《わす》れてはならない。
日蓮大聖人は言われた。

「雪の中を踏《ふ》み分《わ》けて（あなたは使いを身延《みのぶ》の山中《さんちゅう》にいる私に）寄《よ》こしてくださいました。その御志《おこころざし》は、必ずや法華経も十羅刹女《じゅうらせつにょ》も知っておられることでしょう」（御書一三八八㌻、通解）

大雪の被害《ひがい》を知ったとき、私はすぐに、この御文を思い出した。

雪の中を踏《ふ》み分《わ》けて、妙法のために――。その尊《とうと》き「志《こころざし》」とは、現代の私たちに広げていえば、真剣《しんけん》な「指導《しどう》・激励《げきれい》」である。「折伏《しゃくぶく》」である。また、広宣流布のための「連絡《れんらく》・報告」等にあらわれるとも言えよう。

大聖人は、そうした志《こころざし》を最大《さいだい》に讃《たた》え、「あなたの志は、すべて知っていますよ！」と励《はげ》ましておられるのである。健気《けなげ》な皆《みな》さん方《がた》を、大聖人はどれほど賞讃《しょうさん》してくださっていることか。その功徳《くどく》は計《はか》り知《し》れない。

もちろん、決して無理《むり》をしないでいただきたい。幹部《かんぶ》は、安全第一、健康《けんこう》第一で、皆《みな》に絶対《ぜったい》に無理をさせないよう最大《さいだい》の配慮《はいりょ》をお願《ねが》いします。私は豪雪地域《ごうせつちいき》の皆さまの無事《ぶじ》・安穏《あんのん》を心から祈《いの》っています。

24-11 最上第一《さいじょうだいいち》の相伝《そうでん》

同志《どうし》を尊重《そんちょう》する。人間を尊重する。ここにこそ、釈尊《しゃくそん》、そして日蓮大聖人の仏法に脈々《みゃくみゃく》と通《かよ》う「最上第一《さいじょうだいいち》の相伝《そうでん》」があることを、高《たか》らかに宣言《せんげん》しています。

池田先生の指針

「豊島・文京・台東文化音楽祭、県・区代表幹部会」（一九九一年十二月二十一日、東京）

労苦《ろうく》をいとわず、骨身《ほねみ》を惜《お》しまず、学会員のため、仏子《ぶっし》のため、広宣流布のために尽《つ》くす皆《みな》さま方《がた》の献身《けんしん》の行動。それが、どれほど尊《とうと》いものであるか——。仏子を守り、大切にする振《ふ》る舞《ま》いのなかに、法華経の精髄《せいずい》があり、大聖人の仏法の根本精神《こんぽんせいしん》が脈動《みゃくどう》している。

釈尊《しゃくそん》が、法華経二十八品でいちばん最後に説《と》いたのも、まさにこの点であった。それは「この経《きょう》を受持する人を、まさに仏《ほとけ》の如《ごと》くに敬《うやま》いなさい」ということである。

すなわち、普賢菩薩勧発品《ふげんぼさつかんぼっぽん》第二十八の最後で、釈尊《しゃくそん》は普賢菩薩にこう呼《よ》びかけている。

「若《も》し是《こ》の経典《きょうてん》を受持《じゅじ》せん者《もの》を見《み》ば、当《まさ》に起《た》って遠《とお》く迎《むか》うべきこと、当に仏《ほとけ》を敬《うやま》うが如《ごと》くすべし」（法華経六七七ページ）――もし、この妙法を受持する人を見たならば、必ず、立ち上がって遠くまで出迎《でむか》えるべきことは、まさに仏を敬うように大切にしなさい――と。

これが、釈尊《しゃくそん》が法華経で最後の最後に説《と》いた教えである。またそれは、私どもが身をもって実践《じっせん》してきた経文《きょうもん》である。

仏子《ぶっし》である会員の方々を最大《さいだい》に大切にし、真心《まごころ》をこめて奉仕《ほうし》する。それが学会のリーダーの根本《こんぽん》の姿勢《しせい》でなければならない。その〝心〟があるからこそ、学会はここまで発展《はってん》してきた。「会員第一」の精神《せいしん》は、永遠《えいえん》に不変《ふへん》である。

大聖人の「御義口伝《おんぎくでん》」には、この普賢品《ふげんぼん》の文《もん》について、次のように仰《おお》せである。

「此《こ》の品《ほん》の時最上第一《さいじょうだいいち》の相伝《そうでん》あり、釈尊《しゃくそん》八箇年《かねん》の法華経を八字《じ》に留《とど》めて末代《まつだい》の衆生《しゅじょう》に譲《ゆず》り給《たも》うなり八字とは当起遠迎当如敬仏《とうきおんごうとうにょきょうぶつ》の文なり、此の文までにて経《きょう》は終《おわ》るなり」（御書七八一ジベー）――この普賢品の中には、最上にして第一の相伝がある。すなわち、釈尊が八年間にわたって説《と》いた法華経を八文字に留めて、末法《まっぽう》の衆生に譲り与《あた》えられたのである。その八文字とは「当起遠迎当如敬仏（当《まさ》に起《た》って遠《とお》く迎《むか》うべきこと、当に仏《ほとけ》を敬《うやま》うが如《ごと》くすべし）」の文である。この経文《きょうもん》までで、法華経の説法《せっぽう》は終わるのである――。

「当《とう》の字《じ》は未来《みらい》なり当起遠迎《とうきおんごう》とは必ず仏《ほとけ》の如《ごと》くに法華経の行者《ぎょうじゃ》を敬《うやま》う可《べ》しと云《い》う経《きょう》文《もん》なり」（御書七八一ジベー）――「当《まさ》に」という「当」の字は、未来のことである。「当起遠迎」とは（末法《まっぽう》において）必ず仏の如くに法華経の行者を敬っていきなさいという経文である――と。

妙法受持《じゅじ》の人を、最大《さいだい》に尊敬《そんけい》し、大切にすること。その教えこそ「最上第一《さいじょうだいいち》の相伝《そうでん》」であると述べ《の》られている。「当《まさ》に」とは「未来」、つまり末法《まっぽう》の「今」の時であると仰《おお》せである。また「法華経の行者《ぎょうじゃ》」とは、別《べっ》しては大聖人であり、総《そう》じては末法広宣流布に生きゆく大聖人門下であると拝《はい》される。

「仏子《ぶっし》」を尊敬《そんけい》せよ。「人間」を尊重《そんちょう》せよ。ここに最第一《さいだいいち》の「相伝《そうでん》」がある――。釈《しゃく》尊《そん》、そして大聖人の仏法に脈々《みゃくみゃく》と通《かよ》う「人間主義」「人間愛」に、私どもは深く感動する。感謝《かんしゃ》する。心から納得《なっとく》する。その教えどおりに、永遠《えいえん》に進みゆくことを誓《ちか》いあいたい。

第二十五章　師弟《してい》こそ創価の魂《たましい》

この章を読むに当たって

池田大作先生が、社会に出て間《ま》もない青年たちと懇談《こんだん》した折《おり》のことです。ご自身の若《わか》き日を振《ふ》り返《かえ》って、こう語りかけました。

「私は戸田先生に仕《つか》えきった。大変《たいへん》だったが、本当に楽しかった。戸田先生の厳愛《げんあい》の薫陶《くんとう》を受けて駆《か》けずり回っていたときが、一番苦しかったけど、一番幸せな思い出と輝《かがや》いている。

見守ってくれる師匠《ししょう》がいる、戦いを報告できる師匠がいるということが、どれほどありがたいことか」

しばしの沈黙《ちんもく》。厳粛《げんしゅく》な時が流れました。

「でもね」――先生は胸《むね》を叩《たた》いて、こう言葉を継《つ》ぎました。

「戸田先生は、今も私のここにいる。だから、私は何も恐《おそ》れない。何も迷《まよ》わない。私は師子《しし》です。師子の『師』は師匠《ししょう》の師。師子の『子』は弟子の子。師弟《してい》の心に生《い》き抜《ぬ》く人間が師子なんだよ」

師弟《してい》の道こそ、日蓮仏法の根幹《こんかん》をなすものです。

いかなる苦難《くなん》も乗《の》り越《こ》えて、人間革命と広宣流布の道を貫《つらぬ》き通していくためには、絶《た》えざる生命の啓発《けいはつ》を可能《かのう》とする「師弟《してい》」によって立つしかありません。そのことを、初代会長・牧口常三郎《つねさぶろう》先生、第二代会長・戸田城聖《じょうせい》先生、そして池田先生の三代の崇高《すうこう》な師弟によって、日本に世界に広宣流布の大道を開いてきた創価学会の歴史《れきし》が、明確《めいかく》に示《しめ》しています。

本章では、この師弟《してい》の重要性《じゅうようせい》を論《ろん》じた池田先生の指導《しどう》をまとめています。

25-1

師弟《してい》――崇高《すうこう》な魂《たましい》のリレー

ブルガリアのジュロヴァ博士との対談集『美しき獅子《しし》の魂《たましい》』のブルガリア語版発刊にあたり、池田先生は読者に向けて、インタビューに応《おう》じました。多岐《たき》にわたるインタビューの結《むす》びに、大いなる理想を後世に伝《つた》え実現していくために不可欠《ふかけつ》なものとして、「師弟《してい》」について普遍的《ふへんてき》に語っています。

池田先生の指針

「『美しき獅子の魂』発刊を記念したインタビュー」(二〇〇〇年八月十日「聖教新聞」掲載)

師弟《してい》というテーマは、人によって、団体《だんたい》によって、国によって、さまざまに論議《ろんぎ》があるかもしれません。

正義《せいぎ》と情熱《じょうねつ》と活力《かつりょく》をもって、国や社会を、時代をつくりゆく道は、師弟《してい》しかないのです。

師《し》は弟子に、自分が成《な》しとげようとするあらゆることを、正義《せいぎ》を教えていく。なぜか。人生には限《かぎ》りがある。どうしても、バトンタッチをして次へ、また次へと託《たく》していく以外《いがい》にないからです。

しかし、それをせずに、政治家にせよ、教育者、経済人《けいざいじん》、著名人《ちょめいじん》にせよ、最後まで独善的《どくぜんてき》に、あぐらをかいて、居《い》すわろうとする人間がいる。そこに毒《どく》がある。濁流《だくりゅう》が、いつのまにか心に入りこむ。傲慢《ごうまん》になって、弟子や、後《あと》に続く人たちを、上から見おろす。最後は、ともに破滅《はめつ》してしまう。

そうではなく、自分は謙虚《けんきょ》な気持ちで、「次は、この青年たちが、弟子たちが、自分を乗《の》り越《こ》え、より以上の大きな成果《せいか》を上げていくのだ。そういう力《ちから》をもっているのだ。使命があるのだ」――と。

その繰《く》り返《かえ》しに人類《じんるい》の発展《はってん》がある。正しき方向への歩《あゆ》みがあります。それを忘《わす》れた国、忘れた団体《だんたい》、忘れた人生は、どうしても最後は、みじめであり、行きづまります。人間だけがもつ、師弟《してい》という尊《とうと》い宝《たから》を継承《けいしょう》していく。このことを、もっと見つめ、もう一度、復権《ふっけん》させ、その真実の姿《すがた》を実践《じっせん》する道を見いだしていかねばなりません。そうでなければ、人類《じんるい》は皆《みな》、同じ苦しみ、同じ憎《にく》しみ合い、同じ葛藤《かっとう》を繰《く》り返《かえ》してしまう。それを私は恐《おそ》れます。師弟がなくなることが、そこにつながるのです。

結論的《けつろんてき》に言えば、世界史を見ても、また明治維新《めいじいしん》など日本史を見ても、大いなる革命には「師弟《してい》」がありました。

師匠《ししょう》は、このように決意した。しかし牢獄《ろうごく》に入れられ、殺《ころ》された。あるいは途中《とちゅう》で病死した。戦死《せんし》した。その志《こころざし》を自分が受《う》け継《つ》ぎ、実現するのだ——。

こんな美しい、こんな素晴《すば》らしい「魂《たましい》のリレー」「魂のバトンタッチ」の姿《すがた》はないのではないでしょうか。

師弟《してい》なくして、自分の時代だけで終わってしまえば、これは「小さな劇《げき》」のようなものです。自己満足《じこまんぞく》になってしまう。

その一方で、大河《たいが》の流れのように、悠久《ゆうきゅう》たる人類《じんるい》の流れがある。それは、バトンタッチしながらのリレー競走《きょうそう》のようなものです。それが師弟《してい》です。

仏法は「師弟不二《していふに》」と説《と》きます。〝師が上で、弟子が下〟ではない。同じ目的《もくてき》に向かって、ともに進んでいくのです。今世《こんぜ》の弟子が来世《らいせ》は師になる――そういう説話《せつわ》も、仏典《ぶってん》には多くあります。

ただし、師《し》は師として、厳然《げんぜん》としていなければ、「和《わ》」を崩《くず》してしまう。師が厳然としているところは、何があっても、いい方向に向かう。そうでないと混乱《こんらん》してしまう。

「同じ道を走りゆくランナー」――これが師弟《してい》です。同じ正義《せいぎ》の道を、人類《じんるい》の平和の道を、幸福の道を、受《う》け継《つ》いで走っていく。戦っていく。先のほうを走っていくのが師匠《ししょう》です。弟子がバトンを受けるのです。

師匠《ししょう》がいなければ、偉大《いだい》な事業はできない。だから、師匠を尊敬《そんけい》するのは当然《とうぜん》といえましょう。師匠から教わったこと、未来に残《のこ》されたことを弟子がやるのですから。

戸田先生は、よく言われました。

「弟子は、師匠《ししょう》よりも、師匠を乗《の》り越《こ》えて、偉《えら》くなれ」と。

師匠《ししょう》だから、おれについてこい。自分の言うことは、全部、聞け――これは小さな師匠といえます。

自分を乗《の》り越《こ》えていけ。自分ができなかったことを頼《たの》むぞ。やりきってくれ――これが偉大《いだい》な師匠《ししょう》です。

それを「よし、乗《の》り越《こ》えていこう」と受《う》け継《つ》いでいくのが、偉大《いだい》な弟子なのです。

25-2

師匠《ししょう》と弟子は針《はり》と糸《いと》

師弟《してい》とは、封建的《ほうけんてき》な上下関係などではなく、大いなる理想を共有《きょうゆう》し受《う》け継《つ》いでいくなかで、真《しん》の人間性の開花《かいか》を可能《かのう》にする最高の軌道《きどう》であることを、わかりやすく述《の》べています。

池田先生の指針

人間が自身の使命を知り、生きていくうえで、また、社会を向上、発展《はってん》させるうえで、師弟《してい》というものの大切さが実感されてならない。

『私の人間学』

師弟《してい》などというと、今日《こんにち》では、どこか古《ふる》めかしい、封建的《ほうけんてき》なものといった印象《いんしょう》が強いようだ。しかし、決してそうではあるまい。

学問にせよ、スポーツにせよ、何かを習得《しゅうとく》しようと思えば、必ず指導者《しどうしゃ》が必要になる。良《よ》き指導者がいれば、上達《じょうたつ》も早いし、向上も著《いちじる》しい。だが、自分ひとりで習得しようとすれば、徒労《とろう》も多く、またすぐに行き詰《づ》まってしまうものだ。

同じように、人生をより有意義《ゆういぎ》に、最大《さいだい》に価値《かち》あるものにしていくためには、生き方の根本的《こんぽんてき》な価値観や人間観などを教えてくれる良き指導者、すなわち〝人生の師《し》〟が必要である。

それは、身分による上下の関係でもなく、利害《りがい》や報酬《ほうしゅう》に基《もと》づいた契約《けいやく》関係でもない。同じ目的《もくてき》を分《わ》かち合《あ》い、信頼《しんらい》を基盤《きばん》とした最《もっと》も自発的《じはつてき》にして純粋《じゅんすい》な精神《せいしん》の融合《ゆうごう》といってよい。そのような「人」と「人」との絆《きずな》のなかでのみ、真《しん》に人間ははぐくまれ、開花《かいか》していくのである。

そう考えると、良《よ》き師《し》、偉大《いだい》なる師に巡《めぐ》り会えた人生は、最高の人生といえるのではあるまいか。また、大きな理想というものは、師と弟子とがそれを共有《きょうゆう》し、弟子が師の遺志《いし》を継《つ》いでこそ、初めて成就《じょうじゅ》していけるものである。

師匠《ししょう》と弟子とは、針《はり》と糸《いと》の関係にもたとえられよう。師が道を開き、原理を示《しめ》し、後に残《のこ》った弟子たちが、その原理を応用《おうよう》、展開《てんかい》し、実現化《じつげんか》していく。また、弟子は師匠を凌《しの》いでいかなくてはならない。一方、師は弟子たちのために一切をなげうち、捨《す》て石《いし》となる覚悟《かくご》でなくてはならない。

若《わか》い青年たちの輝《かがや》かしい未来の大道を開き、活躍《かつやく》の檜舞台《ひのきぶたい》をつくるためには、いかなる労苦《ろうく》もいとうまい、勇《いさ》んで犠牲《ぎせい》にもなろう、それが自分の責務《せきむ》であると、私はいつも心に誓《ちか》っている。

25-3 弟子の道に徹《てっ》してこそ可能性《かのうせい》は開花《かいか》する

ここでは、釈尊《しゃくそん》の「十大弟子《じゅうだいでし》」の話を通しながら、師匠《ししょう》の教えに応《こた》えようと苦闘《くとう》するなかでこそ、個性《こせい》や才能《さいのう》が磨《みが》かれ、わが使命と可能性《かのうせい》が開花《かいか》していくと語っています。

池田先生の指針

「青年部記念幹部会」(一九九〇年四月二十日、東京)

よく知られているように、釈尊《しゃくそん》には「十大弟子《じゅうだいでし》」がいた。彼らは、師《し》・釈尊のもと、修行《しゅぎょう》で培《つちか》った個性《こせい》と、類《たぐい》まれなる資質《ししつ》を弘法《ぐほう》の〝武器《ぶき》〟として、正法流布《しょうほうるふ》のために捨《す》て身《み》で戦ったのである。

十大弟子《じゅうだいでし》とは――

①舎利弗《しゃりほつ》。智慧《ちえ》第一といわれた。外道《げどう》の弟子であったが、目連《もくれん》とともに釈尊《しゃくそん》に帰依《きえ》した。釈尊の代わりに説法《せっぽう》ができるほどの優《すぐ》れた弟子であったが、釈尊よりも早く亡《な》くなっている。

②迦葉《かしょう》。頭陀《ずだ》第一。彼は地味《じみ》で人気《にんき》はない。しかし、頭陀（厳格《げんかく》な戒律《かいりつ》の修行《しゅぎょう》）に優《すぐ》れ、重厚《じゅうこう》な人格者《じんかくしゃ》であったと想像《そうぞう》される。この地味な人が、釈尊入滅後《しゃくそんにゅうめつご》の教団維持《きょうだんいじ》の要《かなめ》となる。

③阿難《あなん》。多聞《たもん》第一。釈尊《しゃくそん》に常随給仕《じょうずいきゅうじ》した弟子で、仏《ほとけ》の説法《せっぽう》をもっとも多く聞いていた。温和《おんわ》で優《やさ》しい好青年《こうせいねん》であり、女性《じょせい》の出家の希望《きぼう》を釈尊に取り次いだ。

④須菩提《しゅぼだい》。解空《げくう》第一。よく空《くう》を悟《さと》ったことから、この名で呼《よ》ばれる。穏《おだ》やかな気性《きしょう》で、だれとでも仲《なか》がよく、いわば〝人格円満《じんかくえんまん》〟なタイプであったようだ。

⑤富楼那《ふるな》。説法《せっぽう》第一。雄弁《ゆうべん》の人であった。

⑥目連《もくれん》。神通《じんずう》第一。神通には、一つには神足通《じんそくつう》の意味もあり、十方《じっぽう》に往来《おうらい》できる能《のう》力《りょく》をさす。コンビの舎利弗《しゃりほつ》が〝思考派《しこうは》〟であったのに対し、彼はいわば直観力《ちょっかんりょく》とパッション（情熱《じょうねつ》）に富《と》んだ〝行動派《こうどうは》〟であった。

⑦迦旃延《かせんねん》。論議《ろんぎ》第一。緻密《ちみつ》な〝理論派《りろんは》〟で、他宗教《たしゅうきょう》との論争《ろんそう》、釈尊《しゃくそん》の教えの解説《かいせつ》などで活躍《かつやく》した。

⑧阿那律《あなりつ》。天眼《てんげん》第一。釈尊《しゃくそん》の説法中《せっぽうちゅう》に居眠《いねむ》りをし、釈尊に叱責《しっせき》される。反省《はんせい》した彼は以後《いご》、眠《ねむ》らない修行《しゅぎょう》を続け、無理《むり》が高じて盲目《もうもく》になった。肉体の眼《まなこ》を失《うしな》ったが、人よりはるかに深い洞察力《どうさつりょく》や判断力《はんだんりょく》をそなえた天眼を得《え》た。

⑨優波離《うばり》。持律《じりつ》第一。当時のインドの下層階級《かそうかいきゅう》の出身で、特別《とくべつ》な力量《りきりょう》はなかったが、釈尊《しゃくそん》の教えを篤実《とくじつ》に持《たも》ち守った。いわば〝庶民派《しょみんは》〟の代表である。

⑩羅睺羅《らごら》。密行《みつぎょう》第一。密行とは、綿密《めんみつ》な修行《しゅぎょう》、正確《せいかく》な修行の意《い》である。彼は釈尊《しゃくそん》の出家前の実《じつ》の子どもで、十五歳で修行を始める。釈尊の子ということで苦労《くろう》もするが、その分、こまかな点まで気がつき、だれもが認《みと》めざるをえない存在《そんざい》となった。

十人についてはさまざまな経典《きょうてん》があるが、それらを総合《そうごう》すると、ほぼこうした人間《にんげん》像《ぞう》が浮《う》かんでくる。このように釈尊《しゃくそん》は、まったく違《ちが》った十人の弟子の〝個性《こせい》〟を見事に開花《かいか》させていった。

青年・釈尊《しゃくそん》を中心に出発した新興《しんこう》の「仏教教団《ぶっきょうきょうだん》」――。組織《そしき》も、建物《たてもの》も、信用《しんよう》も、何一つ、まともなものはない。あるのは釈尊との〝師弟《してい》の絆《きずな》〟だけであった。これが仏教の原点の、現実の姿《すがた》であった。

こうしたなか、釈尊《しゃくそん》の心をうけて、弟子たちは弘教《ぐきょう》に励《はげ》んだ。釈尊《しゃくそん》は入門させるやいなや、すぐに弘教《ぐきょう》を命じた。

「一人で行って、法《ほう》を説《と》いて来なさい」――。ただちに「遊歴教化《ゆうりゃくきょうけ》せよ」と。弘教《ぐきょう》には、一切の修行《しゅぎょう》が含《ふく》まれている。これ以上の人間修行はない。ゆえに、この根本の実践《じっせん》を忘《わす》れては、人間の錬磨《れんま》はない。「人間」が成長《せいちょう》しなければ、組織《そしき》の力《ちから》のみに頼《たよ》るようになる。そこから、さまざまな組織悪《そしきあく》が生まれる。

徹底《てってい》した弘教《ぐきょう》の実践《じっせん》こそ、仏法の生命である。それが釈尊《しゃくそん》の教えであり、なかんずく御本仏日蓮大聖人《ごほんぶつにちれんだいしょうにん》が、身命《しんみょう》を賭《と》して門下に示《しめ》された成仏《じょうぶつ》への直道《じきどう》なのである。

十大弟子《じゅうだいでし》は、初めから「自分はこれだけをやればよい」と考えていたのではない。全身全霊《ぜんしんぜんれい》で仏道修行《ぶつどうしゅぎょう》に励《はげ》み、教団《きょうだん》の建設《けんせつ》に苦労《くろう》するなかで、おのずから個性《こせい》が磨《みが》かれ、それぞれの〝得意技《とくいわざ》〟〝武器《ぶき》〟が定《さだ》まっていったと考えられる。

その実践《じっせん》は、五体にきざまれた師《し》の教えを、どう〝表現《ひょうげん》〟するかという苦闘《くとう》の連続《れんぞく》であった。師の教えに応《こた》えようとする弟子たちにとって、一瞬《いっしゅん》一瞬が真剣勝負《しんけんしょうぶ》であり、一歩も退《ひ》けない法戦《ほうせん》であったにちがいない。

また師《し》の側《がわ》からみれば、弟子たちを行動させることによって、その可能性《かのうせい》、適性《てきせい》というものも、すべてわかる。外見だけでは、なかなか判断《はんだん》できない。

自己《じこ》を鍛《きた》えに鍛えぬいて、はじめて自体顕照《じたいけんしょう》がある。生命の奥底《おうてい》から〝個性《こせい》のダイヤモンド〟が輝《かがや》きを放《はな》っていく。こうした〝人間性の開花《かいか》〟は、政治や経済《けいざい》の次元では決して得《え》ることはできない。また、教育にも限界《げんかい》がある。生命そのものを錬磨《れんま》しゆく信心修行《しゅぎょう》の深い意義《いぎ》が、ここにある。

25-4 師弟《してい》こそ日蓮仏法の根幹《こんかん》

ここでは、日蓮大聖人が「師弟《してい》」の重要性《じゅうようせい》を強調されたことを通して、師弟不二《ふに》にこそ広宣流布を永遠《えいえん》たらしめる大道があると語っています。

池田先生の指針

「第二総東京最高幹部協議会」（二〇〇八年四月五日、東京）

「異体同心《いたいどうしん》」の前進のために、一番、肝心《かんじん》なことは何か。それは「師弟不二《していふに》」で生《い》き抜《ぬ》くことだ。「師弟不二」こそ、「異体」を「同心」たらしめる要諦《ようてい》である。

日蓮大聖人は、油断《ゆだん》ならない状況《じょうきょう》のなかで信心に励《はげ》む池上兄弟《いけがみきょうだい》の二人に、こう教えられた。
「こう言うと恐縮《きょうしゅく》ですが、お二人がともに日蓮のことを（師匠《ししょう》として）尊《とうと》いと思い合わせていきなさい。もし二人の仲《なか》が不和《ふわ》になられたならば、二人に対する（諸仏《しょぶつ》・諸《しょ》天等《てんとう》の）加護《かご》がどうなってしまうかと考えていきなさい」（御書一一〇八ジペー、通解）
一人一人が、師《し》と心を合わせ、広宣流布に前進する決意を深めていった時に、初めて異体同心《いたいどうしん》の団結《だんけつ》が固《かた》まる。そこにこそ、妙法の功力《くりき》が燦然《さんぜん》と発揮《はっき》されていくのである。
さらに御書を拝《はい》したい。
「日蓮《にちれん》が弟子《でし》と云《い》つて法華経を修行《しゅぎょう》せん人人《ひとびと》は日蓮が如《ごと》くにし候《そうら》へ、さだにも候はば釈迦《しゃか》・多宝《たほう》・十方《じっぽう》の分身《ふんじん》・十羅刹《じゅうらせつ》も御守《おんまも》り候《そうろう》べし」（御書九八九ジペー）
「もし法師《ほっし》に親近《しんごん》するならば、速《すみ》やかに悟《さと》りの道《みち》を得《え》るであろう。この師《し》に従《したが》って学《まな》ぶならば、恒河《ごうが》の沙《すな》の数《かず》ほどの仏《ほとけ》にお会《あ》いできよう」（御書一〇七〇ジペー、通解）
「弟子《でし》と師匠《ししょう》とが心を同じくしない祈《いの》りは、水の上で火を焚《た》くようなものであり、

叶《かな》うわけがない」（御書一一五一ページ、通解）
「法華経の大海《たいかい》のような智慧《ちえ》の水を受《う》けた根源《こんげん》の師《し》を忘《わす》れて、よそへ心を移《うつ》すならば、必ず地獄《じごく》等《とう》の六道《ろくどう》の迷苦《めいく》の生死《しょうじ》を経《へ》巡《めぐ》るという災《わざわ》いにあうこととなろう」（御書一〇五五ページ、通解）
一つ一つの御金言に明確《めいかく》なように、仏法の極意《ごくい》は「師弟《してい》」にあるのだ。
日興上人《にっこうしょうにん》は仰《おお》せである。
「この大聖人の法門《ほうもん》は、師弟《してい》の道を正して、成仏《じょうぶつ》していくのである。師弟の道を、少しでも誤《あやま》ってしまえば、同じく法華経を持《たも》っていても、無間地獄《むけんじごく》に堕《お》ちてしまうのである」（「佐渡国法華講衆御返事」、竹内理三編『鎌倉遺文　古文書編　37』所収、東京堂出版、通解）
「師弟不二《していふに》」にこそ、成仏《じょうぶつ》を決しゆく根幹《こんかん》がある。そして「師弟不二」にこそ、広宣流布を永遠《えいえん》たらしめる大道がある。
これまでも論《ろん》じてきたように、日興上人《にっこうしょうにん》と、違背《いはい》の五老僧《ごろうそう》を決定的《けっていてき》に分けた点が、

「師弟不二《していふに》」であった。

日興上人《にっこうしょうにん》は、日蓮大聖人を「末法《まっぽう》の御本仏《ごほんぶつ》」と正しく拝《はい》し、あくまでも自身を「日蓮大聖人の弟子」と誇《ほこ》り高く称《しょう》されていた。

それに対して、五老僧《ごろうそう》は、権力《けんりょく》に媚《こ》びへつらい、弾圧《だんあつ》を恐《おそ》れて、愚《おろ》かにも、「天台《てんだい》沙門《しゃもん》」と名乗《なの》った。さらに、大聖人が庶民《しょみん》のために仮名《かな》まじりで記《しる》された御手紙《おてがみ》などを、師《し》の恥《はじ》であるといって、焼《や》き捨《す》てたり、すき返《かえ》したりした。

日興上人御一人《にっこうしょうにんおひとり》が、この仮名《かな》まじりの御書を大切に護《まも》り、未来に翻訳《ほんやく》して、中国やインドなど世界へ伝《つた》えていくことまで、御心《おこころ》に定《さだ》めておられたのである。

〈日興上人《にっこうしょうにん》は「日本の大聖人《だいしょうにん》の金言《きんげん》も、広宣流布する時は、また仮名文字《かなもじ》を翻訳《ほんやく》して、インド、中国《ちゅうごく》に流通《るつう》すべきである」（御書一六一三ジ、通解）と仰《おお》せである〉

「師弟不二《していふに》」を厳粛《げんしゅく》に貫《つらぬ》き通《とお》された日興上人《にっこうしょうにん》と、師弟《してい》に徹《てっ》しきれなかった五老僧《ごろうそう》の違《ちが》いは、あまりに歴然《れきぜん》としていた。

広宣流布は「師弟不二《していふに》」であってこそ成《な》し遂《と》げることができるのである。

「師弟《してい》」という柱がなければ、たやすく自分の感情《かんじょう》に流され、時代の状況《じょうきょう》に流されてしまうからだ。「師弟」がなければ、難《なん》に直面したとき、あまりにも、もろく崩《くず》れ去《さ》ってしまうからだ。

大聖人の御入滅後《ごにゅうめつご》、日興上人《にっこうしょうにん》の峻厳《しゅんげん》なる師弟不二《していふに》の大闘争《だいとうそう》は、半世紀《はんせいき》以上に及《およ》んだ。その烈々《れつれつ》たる執念《しゅうねん》の破邪顕正《はじゃけんせい》の法戦《ほうせん》によって、五老僧《ごろうそう》の邪義《じゃぎ》は、完璧《かんぺき》に打《う》ち破《やぶ》られたのである。

戸田先生が逝去《せいきょ》されて五十年――。

私は、先生の直弟子《じきでし》として、一点の曇《くも》りもなく、万年に輝《かがや》きわたる「弟子の道」「後継《こうけい》の道」「不二《ふに》の道」の規範《きはん》を打ち立てることができたと確信《かくしん》している。

25-5

生涯《しょうがい》「弟子の道」を貫《つらぬ》く

日本の仏教《ぶっきょう》が堕落《だらく》した原因《げんいん》は師弟《してい》の道を外《はず》れたことにあるという日蓮大聖人の仰《おお》せを踏《ふ》まえつつ、創価学会は、三代の会長、なかんずく池田先生自《みずか》らが師弟の道に徹《てっ》し抜《ぬ》いたからこそ、広宣流布の大道を開くことができたと語っています。

池田先生の指針

「本部幹部会、神奈川県総会」（一九九八年二月三日、東京）

なぜ、日本の仏教《ぶっきょう》が堕落《だらく》し、狂《くる》ってしまったのか。日蓮大聖人は、「それは師匠《ししょう》を軽く見たからだ」と明快《めいかい》におっしゃっている。

日本の仏教《ぶっきょう》の中心地であった比叡山《ひえいざん》。その創始者《そうししゃ》である伝教大師《でんぎょうだいし》について、弟子たちは、こう思った。今、真言宗《しんごんしゅう》がもてはやされている。われわれも流行に乗《の》りたい――と。

「我《わ》が師《し》・伝教大師《でんぎょうだいし》はいまだ此《こ》の事《こと》をばくはしく習《ならわ》せ給《たま》わざりけり漢土《かんど》に久《ひさ》しくもわたらせ給わざりける故《ゆえ》に此の法門《ほうもん》はあらう荒唐ちにみをはしけるやとをぼして」（御書二八〇ジペー）

――わが師《し》である伝教大師《でんぎょうだいし》は、真言宗《しんごんしゅう》のことは、くわしくは勉強しておられなかったのである。中国にも長くは留学《りゅうがく》しておられないゆえに、真言の法門《ほうもん》は、おおまかにしか知っておられなかった――と思ったのである。

要《よう》するに、「自分たちのほうが、よくわかっているのだ」「自分たちのほうが勉強しているんだ」「師匠《ししょう》は、わかっていないんだ」――そういう心である。増上慢《ぞうじょうまん》である。

そして師匠《ししょう》である伝教大師《でんぎょうだいし》を捨《す》て、真言《しんごん》の流行に染《そ》まってしまった。

しかし、じつは、伝教大師《でんぎょうだいし》は、すべて知ったうえで、「真言《しんごん》はいけない」と言われていたのである。ここが大事である。こういう歴史《れきし》については、「撰時抄《せんじしょう》」に説《と》かれている。

師匠《ししょう》の偉大《いだい》さを、弟子がわからなかったゆえに、比叡山《ひえいざん》は〝真言《しんごん》の山〟になっていった。大聖人は、「本《もと》の伝教大師《でんぎょうだいし》の大怨敵《だいおんてき》となる」（御書三六九ページ）と仰《おお》せである。すなわち「伝教大師の大怨敵」になってしまったのである。

邪悪《じゃあく》と戦うべきときに、弟子が戦わなかった。師匠《ししょう》を悪者にして、自分がいい子になり、戦いを避《さ》け、難《なん》を避けた。ずる賢《がしこ》い弟子たちであった。

またさかのぼって中国の天台宗《てんだいしゅう》でも、同じことが起こっていた。師匠《ししょう》の天台大師《だいし》が亡《な》くなった後、新しい経典《きょうてん》がインドから来た。当然《とうぜん》、天台大師は、この経典を知らないし、破折《はしゃく》もしていない。そこで、弟子たちは愚《おろ》かにも、「この経典のほうが法華経よりも勝《すぐ》れている」という邪義《じゃぎ》を信じてしまった。

〈「而《しか》るを天台《てんだい》は御覧《ごらん》なかりしかば天台の末学《まつがく》等は智慧《ちえ》の薄《うす》きかのゆへに・さもやと

おもう」〈御書三〇一ジペー〉等〉

愚《おろ》かで臆病《おくびょう》であり、師匠《ししょう》の偉大《いだい》さを知らず、宣揚《せんよう》もできなかった。ゆえに正法《しょうほう》の清《せい》流《りゅう》が濁《にご》っていったのである。これは、「報恩抄《ほうおんしょう》」に説《と》かれている。

このように、師匠《ししょう》の権威《けんい》を利用《りよう》して、人々から尊敬《そんけい》を受ける立場になりながら、内心では師匠をあなどり、邪悪《じゃあく》と戦わなかった。戦わなかったどころか、邪悪に染《そ》まってしまった。

悪と戦わなければ、悪に染《そ》まってしまう。権力《けんりょく》の魔性《ましょう》と戦わなければ、自分が魔性に魅入《みい》られてしまう。

御書には、こうした大切な方程式《ほうていしき》が、はっきりと示《しめ》されている。また、こうした仏《ぶっ》教界《きょうかい》の堕落《だらく》の構図《こうず》は、決してたんなる〝昔話〟ではない。ゆえに、よくよく御書を拝《はい》していただきたい。

創価学会も、牧口先生、戸田先生の精神《せいしん》がなくなったら、たいへんなことになる。広宣流布は、できなくなってしまう。それでは師匠《ししょう》に申しわけない。日蓮大聖人に申しわけない。

だから私は、生きて生きて生きぬいて、厳然《げんぜん》と指揮《しき》をとり、師弟《してい》の〝魂《たましい》〟を教えているのである。

日蓮大聖人の時も、増上慢《ぞうじょうまん》の弟子がいた。「大聖人が大難《だいなん》に遭《あ》うのは、大聖人のやり方がおかしいせいだ」と非難《ひなん》する門下がいたのである。

罪《つみ》なくして大難《だいなん》に遭《あ》うことこそ「法華経の行者《ぎょうじゃ》の証明《しょうめい》」であることが、わからなかったのである。

そういう人間は「他宗《たしゅう》の謗法《ほうぼう》の人間よりも、もっと長く、地獄《じごく》で苦しむことになる。かわいそうなことだ」と大聖人は仰《おお》せである。すなわち、「日蓮を教訓《きょうくん》して我賢《われかしこ》しと思《おも》はん僻人等《びゃくにんら》が念仏者《ねんぶつしゃ》よりも久《ひさ》しく阿鼻地獄《あびじごく》にあらん事不便《ことふびん》とも申《もう》す計《ばか》りなし」（御書九六〇ジペー）と。

「師弟《してい》」の道を壊《こわ》す罪《つみ》は、それほど重い。日顕宗も、そうである。大聖人、日興上人《にっこうしょうにん》をはじめ、代々の先師《せんし》を完全《かんぜん》に無視《むし》している。ただ自分中心である。

「師弟《してい》の道」を破壊《はかい》した宗門に、もはや仏法はない。日蓮大聖人の「大怨敵《だいおんてき》」になってしまった。

戸田先生は太平洋戦争が始まる一カ月前（一九四一年十一月）、「弟子の道」と題して、講演《こうえん》されている。そのころ、世の中は、国家主義の流れが逆巻《さかま》く暴流《ぼうりゅう》になっていた。

「弟子の道」として、こう戸田先生は言われた。（以下、『戸田城聖全集 3』）

「日興上人《にっこうしょうにん》は、日蓮大聖人様をしのごう（＝超えよう）などとのお考えは、毫《ごう》もあらせられぬ（＝微塵《みじん》ももっておられない）。われわれも、ただ牧口先生の教えをすなおに守り、すなおに実行し、われわれの生活のなかに顕現《けんげん》しなければならない」

「先生は師匠《ししょう》であり、われわれは弟子である」

「先生のことばづかいだけをまねて、なにになる。黄金水《おうごんすい》を流してしまうようなものである」

「弟子は弟子の道を守らねばならぬ。ことばも、実行も、先生の教えを、身に顕現《けんげん》しなければならない」

戸田先生の遺言《ゆいごん》である。簡単《かんたん》な言葉のようであるが、大弾圧《だいだんあつ》があったとき、これを実行したのは戸田先生お一人であった。他の弟子は退転《たいてん》しただけでなく、「牧口の野《や》郎《ろう》」「戸田の野郎」と、ののしったのである。

人間の心は恐《おそ》ろしい。師匠《ししょう》を悪者にして、自分のみを守ろうとした。インチキの信心であり、畜生《ちくしょう》の心である。

他の弟子が全滅《ぜんめつ》したなか、一人、戸田先生は、信念《しんねん》を押《お》し通《とお》し、しかも、こう言われたのである。

「あなた（＝牧口先生）の慈悲《じひ》の広大無辺《こうだいむへん》は、わたくしを牢獄《ろうごく》まで連《つ》れていってくださいました。そのおかげで、『在在諸仏土《ざいざいしょぶつど》・常与師倶生《じょうよしぐしょう》』（＝いたるところの諸仏《しょぶつ》の土《ど》に、常《つね》に師《し》と共《とも》に生まれる）と、妙法蓮華経の一句《いっく》を身をもって読み、その功徳《くどく》で、地《じ》涌《ゆ》の菩薩《ぼさつ》の本事《ほんじ》を知り、法華経の意味をかすかながらも身読《しんどく》することができました。なんたるしあわせでございましょうか」

牧口先生の三回忌《かいき》の時の有名な講演《こうえん》である。なんと崇高《すうこう》な言葉であろうか。これが学会の「師弟《してい》の道」であり「仏法の道」である。

大難《だいなん》を師匠《ししょう》と一緒《いっしょ》に受けられて「なんたる幸せでありましょうか」と。他の弟子と、天地雲泥《てんちうんでい》であった。

仏法を弘《ひろ》めれば難《なん》があるのは当たり前である。「悪口罵詈《あっくめり》」（法華経四一八ジペー）されると法華経（勧持品《かんじほん》）に説《と》かれている。大聖人も御書で何度も何度も仰《おお》せである。

それなのに、ひとたび難《なん》が起こると、迫害《はくがい》を恐《おそ》れ、こともあろうに大恩《だいおん》ある師《し》を悪者にする。師匠《ししょう》を盾《たて》にして、自分が難を受けないように、逃《に》げる。なんという卑怯《ひきょう》さであろうか。

私も戸田先生を、ただ一人、お守りした実践者《じっせんしゃ》である。戸田先生を一人で、すべて支《ささ》えきった。学会の「伝統《でんとう》の二月」も、ただ「戸田先生にお応《こた》えしよう」という私の一念《いちねん》から始まったのである。

当時（一九五二年）は、戸田先生が会長になったものの、弘教《ぐきょう》がなかなか進まなかった。先輩《せんぱい》たちは、威張《いば》っていたが、何もできない。そこで戸田先生が、「しかたがない。そろそろ大作を出すか」と決断《けつだん》された。

厳《げん》たる師匠《ししょう》の命令《めいれい》である。「やります」。私は師の心を抱《だ》きしめて走った。そして、一挙《いっきょ》に、弘教《ぐきょう》の突破口《とっぱこう》を開き、「道」を開いた。そこから今日《こんにち》までの広宣流布の「大道」が開いていったのである。戸田先生は、いつも「大作にまかせておけば、おれは悠々《ゆうゆう》と、ウイスキーを飲んでればいいんだから」と言っておられた。「大作がやれば必ず勝つ」。そう確信《かくしん》しておられた。この師弟不二《していふに》こそ、学会の真髄《しんずい》である。

ともあれ、私には「日蓮大聖人」と「戸田先生」以外《いがい》に何もない。「御本尊」と「戸田先生」と「誠実《せいじつ》」が、私の「三つの宝《たから》」である。私は誠実で勝ったのである。

いちばん正しく生きて、いちばん悪口雑言《あっこうぞうごん》されながら、信心で勝った。人間として勝った。仏法の目から見れば、三世という目から見れば、いちばんの勝利者《しょうりしゃ》であると自負《じふ》している。

25-6 正義《せいぎ》の師《し》を求《もと》めよ

御聖訓《ごせいくん》を拝《はい》し、求《もと》めるべき正義《せいぎ》の師《し》とは、難《なん》を受けながら広宣流布の道を開いていく存在《そんざい》であり、それこそ創価三代の師弟《してい》に他《ほか》ならないと語っています。

池田先生の指針

「本部幹部会、全国壮年部幹部会、九州総会」(二〇〇六年三月九日、東京)

御聖訓《ごせいくん》を拝《はい》したい。「師弟契約御書《していけいやくごしょ》」と言われる「最蓮房御返事《さいれんぼうごへんじ》」の一節である。

「今の時代は、師《し》に正師《しょうし》と邪師《じゃし》、善師《ぜんし》と悪師《あくし》がいる。その違《ちが》いがあることを知って、

邪悪《じゃあく》の師を遠ざけ、正善《しょうぜん》の師に近づき親しむべきである」（御書一三四〇ジペー、通解）

師匠《ししょう》といっても、正義《せいぎ》の師匠もいれば、邪悪《じゃあく》の師匠もいる。

正義《せいぎ》の師《し》を求《もと》めよ！　邪悪《じゃあく》の師を避《さ》けよ！　その違《ちが》いを、鋭《するど》く見ぬけ！　決して、だまされるな！——これが、蓮祖《れんそ》の峻厳《しゅんげん》なる戒《いまし》めである。

邪悪《じゃあく》な師《し》には、従《したが》ってはならない。従えば、皆《みな》が悪に染《そ》まってしまうからだ。

それでは求《もと》めるべき「正義《せいぎ》の師《し》」とは、だれか？　それは三類《さんるい》の強敵《ごうてき》と戦い、身命《しんみょう》を惜《お》しまず、妙法を唱《とな》え広めている人である。

つまり、法華経のとおりに「難《なん》」を受けているかどうか。それを大聖人は、最大《さいだい》の眼目《がんもく》とされた。そして、「自分こそ法華経を知り、法華経を修行《しゅぎょう》している者である」と思いあがっている輩《やから》に対しては、「日蓮が受けたような難にあっていないではないか」と厳《きび》しく切り返し、責《せ》め返しておられる。

大聖人の御生涯《ごしょうがい》は、まさしく迫害《はくがい》の連続《れんぞく》であられた。卑劣《ひれつ》な讒言《ざんげん》などによって二度、流罪《るざい》された。頸《くび》の座《ざ》にもつかれた。種々《しゅじゅ》の難《なん》は数《かず》知《し》れない。すべて経文《きょうもん》どおりであられる。

ゆえに大聖人は、「難《なん》を受けていない格好《かっこう》だけの者は、ことごとく邪《よこしま》な師《し》である。難を受けきってきた日蓮こそが、正義《せいぎ》の師である」と厳然《げんぜん》と宣言《せんげん》されたのである。

それでは、御本仏《ごほんぶつ》であられる大聖人に直結《ちょっけつ》して、「猶多怨嫉《ゆたおんしつ》」「悪口罵詈《あっくめり》」の難《なん》を受けながら、末法《まっぽう》の五濁悪世《ごじょくあくせ》の現代に、世界広宣流布の道を開いてきたのは、いったいだれか？

初代、二代、三代の創価の師弟《してい》しかいない。

初代の牧口先生は、大聖人の正法正義《しょうほうしょうぎ》の命脈《めいみゃく》を守られて牢獄《ろうごく》につながれた。そして、獄中《ごくちゅう》で殉教《じゅんきょう》である。

第二代の戸田先生も同じく牢《ろう》に入った。そして圧迫《あっぱく》に耐《た》え、寿命《じゅみょう》を削《けず》りながら、二年間におよぶ獄中闘争《ごくちゅうとうそう》を生きぬかれたのである。

第三代の私も、広宣流布のゆえに、無実《むじつ》の罪《つみ》で牢獄《ろうごく》に入った。反逆者《はんぎゃくしゃ》に乗せられた、売らんがための卑劣《ひれつ》なマスコミのウソ八百によって、数限《かずかぎ》りない悪口罵詈《あっくめり》を浴《あ》びせられた。

すべては、法華経のとおり、御書のとおりである。

この初代、二代、三代の会長だけが、御聖訓《ごせいくん》にいささかも違《たが》わず、一切の矢面《やおもて》に立って三障四魔《さんしょうしま》、三類《さんるい》の強敵《ごうてき》と戦いぬいてきた。それはだれよりも、皆《みな》さんがご存《ぞん》じのとおりである。

戸田先生がどれだけ、私を訓練《くんれん》したか。どれだけ、私を大事にしてくださったか。

戸田先生が事業に失敗《しっぱい》され、生きるか、死ぬか——その時も、私が一人で奔走《ほんそう》して、先生をお守りした。莫大《ばくだい》な借金《しゃっきん》もすべて清算《せいさん》した。

先生を誹謗中傷《ひぼうちゅうしょう》する人間がいれば、ただ一人で飛《と》んでいった。相手がだれであろうと、青年らしく、勇敢《ゆうかん》に、誠実《せいじつ》に、まっすぐに語りぬいて、師《し》の真実を認《みと》めさせていったのである。

難《なん》と戦う師匠《ししょう》を断《だん》じて守る。その祈《いの》り、その行動に、「仏法の師弟《してい》」の真髄《しんずい》がある。

牧口先生と戸田先生は「不二《ふに》」であった。戸田先生と私もまた「不二」であった。

「生死不二《しょうじふに》」の師弟《してい》であった。

戸田先生の本当のご精神《せいしん》を受《う》け継《つ》いで、私は、三類《さんるい》の強敵《ごうてき》と戦い、創価学会を、ここまでつくりあげてきた。創価の師弟《してい》は、牧口先生、戸田先生、そして私で決まったのである。

根本《こんぽん》は、三代の師弟《してい》である。三代の「師弟の精神《せいしん》」を守りぬいていくかぎり、創価学会は永遠《えいえん》に発展《はってん》する。世界広宣流布は、必ず実現できる。

この三代の広宣流布へ「戦う魂《たましい》」を、後継《こうけい》の青年部は、断《だん》じて受《う》け継《つ》いでいっていただきたい。勝っていただきたい。よろしく頼《たの》みます！

25-7 心に師《し》をもつ

小説『新・人間革命』では、師弟《してい》の深い意義《いぎ》が随所《ずいしょ》に記《しる》されています。ここでは、山本伸一会長自身が、常《つね》に心に師《し》を抱《いだ》き、胸中《きょうちゅう》の師と対話しながら、広宣流布の大道を開いてきたことが、峻厳《しゅんげん》に綴《つづ》られています。

『新・人間革命』

池田先生の指針

（〝創価学会が社会に開かれた運動を展開《てんかい》していくために心すべきことは何《なん》でしょうか〟との青年部幹部の質問《しつもん》に対して）

伸一は即座《そくざ》に答えた。

「師弟《してい》の道を歩《あゆ》めということです」

「君は、なぜ『師弟《してい》の道』なのか、疑問《ぎもん》に思っているのだろう。それは、遠心力《えんしんりょく》と求心力《きゅうしんりょく》の関係だよ」

「仏法を社会に大きく開いた運動を展開《てんかい》するというのは、これは円運動でいえば遠《えん》心力《しんりょく》だ。その遠心力が強くなればなるほど、仏法への強い求心力《きゅうしんりょく》が必要になる。この求心力の中心こそが、師弟不二《していふに》の精神《せいしん》だ。

近年、青年部員には、社会で勝利の実証《じっしょう》を示《しめ》そうとの気概《きがい》があふれ、社会貢献《こうけん》への意識《いしき》も次第に高まってきている。これは、すばらしいことです。しかし、広宣流布という根本目的《こんぽんもくてき》を忘《わす》れれば、社会的な栄誉栄達《えいよえいたつ》や立身出世《りっしんしゅっせ》に流され、信心の世界を軽視《けいし》することにもなりかねない。また、世間的《せけんてき》な地位《ちい》や立場で人を見て、庶民《しょみん》を蔑視《べっし》するようになってしまえば本末転倒《ほんまつてんとう》です。真実の人間の道、仏法の道を歩《あゆ》み抜《ぬ》いていくために、師弟《してい》の道が必要なんです」

仏法の師弟《してい》関係というのは、弟子を教化《きょうけ》しようという仏陀《ぶっだ》である釈尊《しゃくそん》の慈悲《じひ》と、法《ほう》を会得《えとく》しようとする弟子の求道《きゅうどう》の心から始まっている。

つまり、師弟《してい》とは、弟子の自発的《じはってき》な意志《いし》があってこそ成《な》り立《た》つ魂《たましい》の結合《けつごう》といえる。それは、大聖人と日興上人《にっこうしょうにん》の関係を見ても明《あき》らかである。

「師弟《してい》の道」は峻厳《しゅんげん》である。そして、そこにこそ、「人間革命」と「一生成仏《いっしょうじょうぶつ》」の大道があるのだ。

伸一は、青年たちに強く訴《うった》えた。

「私も、徹底《てってい》して戸田先生に仕《つか》え、守り、弟子の道を全《まっと》うしてきた。先生の示《しめ》された目標《もくひょう》には、常《つね》に勝利の実証《じっしょう》をもってお応《こた》えしてきた。負ければ先生の構想《こうそう》は崩《くず》れ、結果的《けっかてき》に師匠《ししょう》を裏切《うらぎ》ることになるからです。

戸田先生は、晩年《ばんねん》、こう言ってくださった。

『伸一は、私が言ったことは、すべて実現してきたな。冗談《じょうだん》さえも本気になって実現してしまった。私は、口先《くちさき》の人間は信じない。実際《じっさい》に何をやるかだ。伸一さえいれば安心だな』

その言葉は、私の最大《さいだい》の誇《ほこ》りです。それが本当の弟子の姿《すがた》です。私はいつも、心で戸田先生と対話しています。

先生ならば、どうされるか。今の自分をご覧《らん》になったら、なんと言われるか――常《つね》に自身にそう問い続けています。だから師匠《ししょう》は、生き方の規範《きはん》となるんです」

（第17巻、「本陣」の章）

◇

師弟不二《していふに》とは、師の心をわが心として生きることであり、いつ、いかなる時も、己《こ》心《しん》に厳《げん》として師匠《ししょう》がいることから始まる。

いくら〝師弟《してい》の道〟を叫《さけ》んでいても、自分の心に師匠《ししょう》がいなければ、もはや、仏法ではない。

師匠《ししょう》を、〝自分の心の外にいる存在《そんざい》〟ととらえれば、師の振《ふ》る舞《ま》いも、指導《しどう》も、自身の内面的《ないめんてき》な規範《きはん》とはならない。そして、師匠が自分をどう見ているかという、師の〝目〟や〝評価《ひょうか》〟が行動の基準《きじゅん》となってしまう。

そうなると、〝師匠《ししょう》が厳《きび》しく言うから頑張《がんば》るが、折《おり》あらば手を抜《ぬ》こう〟という要領《ようりょう》主義《しゅぎ》に堕《だ》していくことになりかねない。そこには、自己《じこ》の信心の深化《しんか》もなければ、人間革命もない。

もしも、幹部《かんぶ》がそうなってしまえば、仏法の精神《せいしん》は消《き》え失《う》せ、清浄《せいじょう》なる信仰《しんこう》の世界も、利害《りがい》や打算《ださん》の世法《せほう》の世界になってしまう。

己心《こしん》に、師弟不二《していふに》の大道を確立《かくりつ》するなかにこそ、令法久住《りょうぼうくじゅう》がある。

（第25巻、「人材城」の章）

25-8 師弟《してい》は弟子で決まる

師弟《してい》の道こそ「仏法の道」「創価の道」であり、それは弟子で決まると語っています。

池田先生の指針

「韓国・鎮川郡『名誉郡民証』授与式」(一九九八年一月十七日、東京)

創価の殉教《じゅんきょう》の師子王《ししおう》・牧口先生は、大迫害《だいはくがい》のなかでも、つねづね断言《だんげん》しておられた。「私の足跡《そくせき》の後に、必ず青年が続々《ぞくぞく》と続きます」と。
牧口先生には戸田先生が続いた。

戸田先生には私が続いた。

私には幾《いく》百万人の諸君《しょくん》がいる。諸君が続くことを信じたい！

諸君《しょくん》は、もっともっと深く、強く連帯《れんたい》しながら、断固《だんこ》として、この師子《しし》の道に続いていただきたい。

「師弟《してい》」こそ日蓮仏法の精髄《せいずい》である。学会精神《せいしん》の根幹《こんかん》である。

有名な「華果成就御書《けかじょうじゅごしょ》」にいわく。

「よき弟子《でし》をもつときんば師弟《してい》・仏果《ぶっか》にいたり・あしき弟子をたくはひぬれば師弟・地獄《じごく》にをつといへり、師弟相違《そうい》せばなに事《ごと》も成《なす》べからず」（御書九〇〇ページ）――よき弟子をもつときには、師弟はともに仏果（成仏《じょうぶつ》）にいたり、悪い弟子をたくわえてしまえば、師弟はともに地獄に堕《お》ちる。師弟が相違すれば、すなわち師匠《ししょう》と弟子の心が違《たが》えば、何ごとも成《な》し遂《と》げることはできない――。

要《よう》するに、師弟《してい》といっても、〝弟子がどうか〟で決まる。

牧口先生、戸田先生の願業《がんぎょう》は、第三代の私が一切、成就《じょうじゅ》した。一身に迫害《はくがい》を受けながら、私は戦いぬいた。私は勝った。私の「誇《ほこ》り」は高い。
そして、これから先の未来は青年に託《たく》す以外《いがい》ない。
わが青年部よ、あとは若《わか》き諸君《しょくん》である！

第二十六章　創価三代の師弟《してい》

この章を読むに当たって

諸法実相抄《しょほうじっそうしょう》には、仏典結集《ぶってんけつじゅう》の場面を描写《びょうしゃ》して、釈尊《しゃくそん》の弟子の阿難《あなん》が泣《な》きながら「如《にょ》是《ぜ》我聞《がもん》（是の如《ごと》きを我《われ》聞《き》きき）」と語り、仏弟子《ぶつでし》たちと共《とも》に師《し》の教えを留《とど》め残《のこ》したと説《と》かれています。

池田大作先生は、この御文《ごもん》を拝《はい》し、こう指導《しどう》されました。

「『如是我聞《にょぜがもん》』――師匠《ししょう》の言葉を、私はこう聞いた！　こう命に刻《きざ》んだ！――この弟子の全生命をこめた師子吼《ししく》であったからこそ、仏法は時を超《こ》え、国を超え、流《なが》れ通《かよ》ってきた。

師匠《ししょう》はこう語った、ではない。私は師匠の教えをこのように生命に焼《や》き付《つ》けている！　その通りに実践《じっせん》している！

この師弟《してい》の一念《いちねん》に弟子が立ち上がるとき、師の思想は永遠《えいえん》に輝《かがや》き続けていく。これが広宣流布の不滅《ふめつ》の方程式《ほうていしき》です。

創価学会は、牧口先生と戸田先生と私の三代が、厳粛《げんしゅく》な師弟不二《していふに》の道を貫《つらぬ》いたからこそ、今日《こんにち》の発展《はってん》がある。その根本《こんぽん》の精神《せいしん》を受《う》け継《つ》ぐ限《かぎ》り、永遠《えいえん》に行き詰《づ》まりはありません」

仏法の師弟《してい》においては、弟子で全《すべ》てが決まることを、池田先生は繰《く》り返《かえ》し強調してきました。そして、自《みずか》ら牧口、戸田両先生の弟子として、偉大《いだい》な模範《もはん》の姿《すがた》を示《しめ》してこられました。

戸田先生の事業が最大《さいだい》の苦境《くきょう》に瀕《ひん》するなか、ただ一人、師《し》を支《ささ》えて戦い抜《ぬ》いた池田先生は、一九五一年一月七日、二十三歳の日記に、こう綴《つづ》っています。

「未来、生涯《しょうがい》、いかなる苦難《くなん》が打《う》ち続くとも、此《こ》の師《し》に学んだ栄誉《えいよ》を、私は最高、最大《さいだい》の、幸福とする」

本章は、永遠《えいえん》に輝《かがや》きゆく気高《けだか》き崇高《すうこう》な創価三代の師弟《してい》について、池田先生の指導《しどう》をまとめました。

26-1 牧口先生の優《やさ》しさと強さ

初代会長・牧口常三郎《つねさぶろう》先生は、大著《たいちょ》『人生地理学』を著《あらわ》した地理学者であるとともに、小学校の校長を歴任《れきにん》し、『創価教育学体系』を発刊《はっかん》した大教育者でありました。

『青春対話』

池田先生の指針

戸田先生は、だれよりも「強い人」だった。そして限《かぎ》りなく「優《やさ》しい人」でした。どんな貧《まず》しき庶民《しょみん》にも、渾身《こんしん》の慈愛《じあい》を注《そそ》いでおられた。その戸田先生が、「この人こそ」と感動したのが牧口先生です。牧口先生も「強く」そして「優しい」人だった。

（以下、牧口先生のエピソードは『牧口常三郎』聖教新聞社を参照）

北海道で教師《きょうし》をされていた時は、雪が降《ふ》る日など、生徒《せいと》が登校してくるのを迎《むか》えに行き、下校の時には送っていかれた。体《からだ》の弱い子が皆《みな》に遅《おく》れないように気をつけながら、小さな生徒は背中《せなか》におぶって、大きな生徒は手を引いて――。また、お湯をわかして、子どものあかぎれだらけの手をとり、お湯の中に静《しず》かに入れてあげた。「どうだ、気持ちがいいか」「うん、ちょっと痛《いた》いけど」――本当に美しい情景《じょうけい》です。

牧口先生は、東京に来《こ》られてからも名校長《めいこうちょう》として有名だったが、権力《けんりょく》のある者に、へつらわないものだから、いつもにらまれていた。それで、いつも迫害《はくがい》を受け、左遷《させん》です。

貧《まず》しい家の子どもだけが集まる小学校（三笠小学校）に赴任《ふにん》した時もある。雨が降《ふ》っても、傘《かさ》もない子が、たくさんいるほどの貧しさだった。牧口先生は、弁当《べんとう》を持って来《こ》られない生徒《せいと》のために、自腹《じばら》を切って、豆《まめ》もちや食事を用意した。ご自分も八人の大家族を抱えて大変だったころです。しかも先生は、子どもたちの気持ちが傷《きず》つかないように、用意した食事を用務員室《ようむいんしつ》に置《お》いて、皆《みな》が自由にもっていけるようにしたのです。

優《やさ》しい牧口先生は、「子どもたちの幸福のためなら、何《なん》でもしよう」という心だった。個性《こせい》を殺《ころ》す「詰《つ》め込《こ》み教育」などで苦しむ子どもたちを思うと、何とか救《すく》ってやりたいと「気が狂《くる》いそうなほど」だったと書《か》き残《のこ》されている。（『創価教育学体系』緒言、参照）

また、子どもたちのためなら、どんな権力者《けんりょくしゃ》に対しても一歩も退《ひ》かなかった。「怒《いか》り」をもって戦われた。当時、絶大《ぜつだい》の権威《けんい》をもっていた「視学《しがく》」（旧制度《きゅうせいど》の地方教育行政官《ぎょうせいかん》。学校の視察《しさつ》および教育指導《しどう》を行《おこな》った）に対して、いたずらに教育を画一化《かくいつか》させるとして「視学無用論《むようろん》」を堂々《どうどう》と主張《しゅちょう》したほどです。

だから、権力《けんりょく》ににらまれた。だから、民衆《みんしゅう》には慕《した》われた。牧口先生が学校を変わるとなると、生徒《せいと》は泣《な》きだし、父母から教職員《きょうしょくいん》まで、先生を慕って、すすり泣くほどだったという。

そして牧口先生は、最後は軍国主義《ぐんこくしゅぎ》に抵抗《ていこう》して獄死《ごくし》です。先生は、わが身はどうなろうとも、民衆《みんしゅう》を不幸《ふこう》にする軍国主義は許《ゆる》せなかった。間違《まちが》った思想は許せなかった。

優《やさ》しさは、悪に対しても強い。仏法では、「怒《いか》り」は善《ぜん》にも悪にも通《つう》ずると説《と》いている。善のための怒りは必要なことです。自分の感情《かんじょう》だけで怒《おこ》るのは畜生《ちくしょう》の心です。

人間は偉大《いだい》であるほど、その愛《あい》も大きい。愛が大きいから強いのです。優しいのです。

26-2

「言語《げんご》に絶《ぜっ》する歓喜《かんき》」

牧口先生の入信が人生の総仕上《そうしあ》げの年代であったことに触《ふ》れ、常《つね》にこれからという息吹《いぶき》こそ、創立者《そうりつしゃ》の心であると語っています。

池田先生の指針

「東京総会」（一九八九年八月二十四日、東京）

牧口先生の入信は五十七歳の時であった。それは昭和三年（一九二八年）。ちょうど私が生まれた年でもある。五十七歳といえば、決して若《わか》くはない。昭和初期《しょき》の平均寿《へいきんじゅ》命《みょう》からみれば老年《ろうねん》といってもよい。いわば人生の総仕上《そうしあ》げの年代に入って入信され、あれだけの不滅《ふめつ》の広布の歴史《れきし》をつくられたのである。

そして最後は、軍部権力《ぐんぶけんりょく》と一歩も退《ひ》くことなく戦われ、獄中《ごくちゅう》で尊《とうと》い殉教《じゅんきょう》の生涯《しょうがい》を終えられている。

牧口先生は、入信当時のご心境《しんきょう》を、次のようにつづっておられる。

「一大決心《いちだいけっしん》を以《もっ》て愈々《いよいよ》信仰に入《はい》つて見ると、『天晴《てんは》れぬれば地明《ちあき》らかなり法華《ほっけ》を識《し》る者《もの》は世法《せほう》を得可《うべ》きか』（御書二五四ジ ー）――天が晴れるならば、地はおのずから明らかとなる。法華経を識る者は、世法もおのずから明らかに識ることができる――との日蓮大聖人の仰《おおせ》が、私の生活中《せいかつちゅう》になる程《ほど》と肯《うなず》かれること丶なり、言語《げんご》に絶《ぜっ》する歓喜《かんき》を以て殆《ほとん》ど六十年の生活法を一新《いっしん》するに至《いた》つた」（『牧口常三郎全集 8』第三文明社）と。

ここで牧口先生は「言語《げんご》に絶《ぜっ》する歓喜《かんき》」と言われている。

信心という根本《こんぽん》の生活法によって、これまでの生活法は一新《いっしん》され、生き生きと、自《じ》在《ざい》に社会に乱舞《らんぶ》していくことができる。それを知りえた喜《よろこ》びは、何ものにもかえがたいとの、あふれんばかりの牧口先生の思いが、私どもの胸《むね》に響《ひび》いてくる。

とりもなおさず、これが信心の功徳《くどく》であり、この歓喜《かんき》の生活を、水が休みなく流れゆくように、日々、持続《じぞく》していくことこそ大切である。深く、強盛《ごうじょう》な信心によってこそ、「随喜《ずいき》の心」「歓喜の心」を、高め、広げていくことができるのである。

ゆえに、何があっても、この「随喜《ずいき》の心」を破《やぶ》られてはならない。「歓喜《かんき》の心」「歓喜の生活」の源泉《げんせん》である信心だけは、何ものにも崩《くず》されてはいけない、と牧口先生は教えてくださっている。

さらに牧口先生は、次のようにも述《の》べられている。

「(信仰《しんこう》に入ってみると) 暗中模索《あんちゅうもさく》の不安《ふあん》が一掃《いっそう》され、生来《せいらい》の引込思案《ひっこみじあん》がなくなり、生活目的《もくてき》が愈々遠大《いよいよえんだい》となり、畏《おそ》れることが少《すく》なり」(『牧口常三郎全集 8』)と。

生命ある限《かぎ》り、迷《まよ》いなく、また恐《おそ》れなく、遠大《えんだい》な目的《もくてき》に生きぬいていこう、と。これが学会の創立者《そうりつしゃ》である牧口先生のお心であった。

遠大《えんだい》な目的《もくてき》に向かって、みずからの使命のままに、潔《いさぎよ》く生きる。この「創立者《そうりつしゃ》の心」を、よくよく胸《むね》にきざんでいただきたい。

26-3 温《あたた》かな創立《そうりつ》のこころ

牧口先生の温《あたた》かな人間愛《あい》、同志《どうし》愛に光を当て、この〝創立《そうりつ》のこころ〟にこそ学会の強さ、美しさがあると語っています。

池田先生の指針

「創立五十七周年記念勤行会」(一九八七年十一月十八日、東京)

創価学会の永遠《えいえん》の原点は、牧口先生、戸田先生の「師弟《してい》」のご精神《せいしん》である。今日《こんにち》、このような未曾有《みぞう》の大発展《だいはってん》のなか、晴れやかに創立《そうりつ》の記念日を祝《しゅく》せるのも、その根幹《こんかん》はすべて、嵐《あらし》の中を、牧口先生が厳《げん》として立ち上がられたからである。戸田先生が、炎《ほのお》のごとく〝獅子《しし》の心〟を燃《も》やして、立ち上がられたからである。そして「師弟《してい》」の精神《せいしん》で、第三代の私も立ち上がった。

この三代までの厳然《げんぜん》たる「師弟《してい》の道」によって、今日《こんにち》の完璧《かんぺき》な発展《はってん》ができあがった。万代《ばんだい》の土台を築《きず》いた。

ここに学会の魂《たましい》がある。〝創立《そうりつ》の精神《せいしん》〟がある。真実の地涌《じゆ》の勇者《ゆうしゃ》、学会っ子であるならば、この人生の「師弟《してい》」という精髄《せいずい》を自覚《じかく》されたい。

牧口先生には、私は直接お目にかかってはいない。皆《みな》さま方のなかにも、会われた方は少ないと思う。あるいは肖像《しょうぞう》写真などから厳格《げんかく》な、こわいイメージでのみ想像《そうぞう》している方が、おられるかもしれない。しかし、生前の牧口先生を知る人々は、一様《いちよう》に、先生の慈愛《じあい》深《ぶか》い人格《じんかく》を、懐《なつ》かしく語っている。

有名な話であるが、寒い夜など、座談会に来た婦人《ふじん》が子どもを背負《せお》って帰ろうとすると、牧口先生は古新聞《ふるしんぶん》を出して、みずからはんてんの間《あいだ》に入れてあげ、「こうすれば着物一枚よけいに着せたのと同じだよ」と言われる姿《すがた》が、しばしば見られたという。あたたかい人柄《ひとがら》が、美しい絵のごとく浮《う》かんでくる話である。

また、あるときは、台所のほうでお茶をわかしている会場提供者《ていきょうしゃ》の夫人《ふじん》に、「奥《おく》さん、お茶はけっこうですから、こちらに来て、お話をいたしませんか」と気さくに声をかけるなど、こまやかな心くばりをなさる先生であった。

ここに〝創立《そうりつ》のこころ〟また〝学会のこころ〟ともいうべき、あたたかい同志愛《どうしあい》がある。人間性がある。ここに学会の強みがあり、現代に稀有《けう》なる美しさがある。この一点を、いかなる時代になろうとも見失《みうしな》ってはならない。

26-4 創価学会の創立《そうりつ》

牧口先生の大著《たいちょ》『創価教育学体系』第一巻の発刊《はっかん》をもって、創価学会の創《そう》立《りつ》の日と定《さだ》めています。その創立の原点に師弟《してい》が脈動《みゃくどう》していた歴史《れきし》を綴《つづ》っています。

池田先生の指針

『新・人間革命 23』(「敢闘」の章)

創価学会の創立《そうりつ》の日となった、一九三〇年(昭和五年)の十一月十八日は、『創価教育学体系』の発行日である。思えば、この発刊自体《はっかんじたい》が、師弟共戦《していきょうせん》の産物《さんぶつ》であった。

——牧口常三郎《つねさぶろう》の教育学説が「創価教育学説」と名《な》づけられたのは、彼が、東京・芝《しば》の白金尋常《しろかねじんじょう》小学校の校長をしていた時のことであった。不正《ふせい》を許《ゆる》さず、教育改革《かいかく》を主張《しゅちょう》する牧口に対して、教育局長や視学課長《しがくかちょう》らは、排斥《はいせき》を画策《かくさく》していた。牧口は、小学校長在任中《ざいにんちゅう》に、自分が積《つ》み上《あ》げてきた経験《けいけん》と思索《しさく》をもとにした、後代《こうだい》の小学校教員の拠《よ》り所《どころ》となる教育学説を、発表しておきたいと考えていたのである。

冬のある夜、牧口と戸田は、戸田の家で火鉢《ひばち》を挟《はさ》み、深夜まで語らいを続けていた。その席《せき》で、教育学説を残《のこ》したいという牧口の考えを、戸田は聞いたのだ。

多くの学者が、欧米《おうべい》の学問に傾倒《けいとう》していた時代である。日本の一小学校長の学説を出版《しゅっぱん》したところで、売れる見込《みこ》みはなく、引き受ける出版社もないことは明らかであった。

牧口は、自分の教育学説出版《しゅっぱん》の意向《いこう》を戸田に語ったあと、すぐに、それを打ち消すように言った。

「しかし、売れずに損《そん》をする本を、出版《しゅっぱん》するところはないだろう……」

戸田は、力《ちから》を込《こ》めて答えた。

「先生、私がやります！」

「しかし、戸田君、金がかかるよ」

「かまいません。私には、たくさんの財産《ざいさん》はありませんが、一万九千円はあります。それを、全部、投げ出しましょう」

小学校教員の初任給《しょにんきゅう》が五十円前後であったころである。師《し》の教育学説を実証《じっしょう》しようと、私塾《しじゅく》・時習学館《じしゅうがっかん》を営《いとな》んでいた戸田は、牧口の教育思想を世《よ》に残《のこ》すために、全財産《ぜんざいさん》をなげうつ覚悟《かくご》を定《さだ》めたのである。

「私は、体《からだ》一つで、裸一貫《はだかいっかん》で北海道から出て来ました。そして、先生にお会いしたことで、今日《こんにち》の私があるんです。また裸一貫になるのは、なんでもないことです」

牧口は、じっと戸田を見て頷《うなず》いた。

「よし、君が、そこまで決心してくれるのなら、ひとつやろうじゃないか！」

牧口の目は、生き生きと輝《かがや》いていた。

そして、つぶやくように言葉をついだ。

「さて、私の教育学説に、どんな名前をつけるべきか……」

すると、戸田が尋《たず》ねた。

「先生の教育学は、何が目的《もくてき》ですか」

「一言《いちごん》すれば、価値《かち》を創造《そうぞう》することだ」

「そうですよね。……でも、価値創造哲学《かちそうぞうてつがく》や、価値創造教育学というのも変《へん》だな」

「確《たし》かに、それでは、すっきりしない。創造教育学というのも、おかしいしな……」

戸田は、頰《ほお》を紅潮《こうちょう》させて言った。

「先生、いっそのこと、創造《そうぞう》の『創《そう》』と、価値《かち》の『価《か》』をとって、『創価教育学』としたらどうでしょうか」

「うん、いい名前じゃないか！」

「では、『創価教育学』に決めましょう」

時計《とけい》の針《はり》は、既《すで》に午前零時《れいじ》を回っていた。

師弟《してい》の語らいのなかから、「創価」の言葉は紡《つむ》ぎ出されたのである。

牧口常三郎《つねさぶろう》の教育学説の発刊《はっかん》の難題《なんだい》は、いかに原稿《げんこう》を整理し、まとめるかであった。

牧口の場合、原稿《げんこう》といっても、校長職の激務《げきむ》のなかで、封筒《ふうとう》や広告《こうこく》の裏《うら》、不用《ふよう》になった紙などに、思いつくままに、書《か》き留《と》めてきたものが、ほとんどである。二度、三度と、同じ内容《ないよう》も出てくる。それを順序立《じゅんじょだ》てて構成《こうせい》し、文章を整理しなければ、とうてい本にはならない。

だが、その労作業《ろうさぎょう》を買って出る人などいなかった。牧口も悩《なや》んでいた。

「先生、私がやりましょう」

その時に、名乗《なの》りをあげたのも、戸田城聖《じょうせい》であった。

「戸田君、そこまで君にやらせるわけにはいかんよ。それに、いかに数学の才《さい》のある君でも、文章を整理するという畑違《はたけちが》いの仕事だけに、困難《こんなん》このうえない作業になるぞ」

牧口は、戸田に、これ以上の苦労《くろう》をかけまいと、拒《こば》んだのである。

「先生。私は、文章の才《さい》はないかもしれません。また、難《むずか》しいことは言えません。しかし、戸田が読んでわからないような難解《なんかい》なものが出版《しゅっぱん》されても、誰《だれ》が読むでしょうか。

先生は、誰《だれ》のために、出版《しゅっぱん》しようとされるんですか。世界的な、大学者に読ませるためですか。

戸田が読んでわかるものでよろしければ、私がまとめさせていただきます」

そして、戸田が、この作業を行《おこな》うことになったのである。

切れ切れの牧口の原稿《げんこう》の、重複《ちょうふく》する箇所《かしょ》はハサミで切って除《のぞ》き、自宅《じたく》の八畳間《じょうま》いっぱいに並《なら》べてみた。すると、そこには、一貫《いっかん》した論旨《ろんし》と、卓越《たくえつ》した学説の光彩《こうさい》があった。

戸田は、牧口への報恩感謝《ほうおんかんしゃ》の思いで、この編纂《へんさん》の労作業《ろうさぎょう》を、自《みずか》らに課《か》したのである。

そして、一九三〇年十一月十八日、『創価教育学体系』第一巻が、「発行所　創価教育学会」の名で世《よ》に出るのだ。

表紙の題字《だいじ》と牧口の著者名《ちょしゃめい》は、金文字《きんもじ》で飾《かざ》られていた。ここにも戸田の、弟子としての真心《まごころ》が込《こ》められていた。

『創価教育学体系』第一巻の「緒言《しょげん》」(序文《じょぶん》)に、牧口常三郎《つねさぶろう》は、この発刊《はっかん》にあたって、青年たちが、原稿《げんこう》の整理や印刷《いんさつ》の校正《こうせい》に尽力《じんりょく》してくれたことに触《ふ》れ、なかでも、戸田城聖《じょうせい》の多大《ただい》な功績《こうせき》について記《しる》している。

そこには、戸田が、牧口の教育学説を時習学館《じしゅうがっかん》で実験《じっけん》し、小成功《しょうせいこう》を収《おさ》め、その価値《かち》を認《みと》めて確信《かくしん》を得《え》たことから、学説の完成《かんせい》と普及《ふきゅう》に全力《ぜんりょく》を捧《ささ》げたことが述《の》べられている。

また、戸田の著書《ちょしょ》『推理式指導算術《すいりしきしどうさんじゅつ》』についても、「真《しん》に創価教育学の実証《じっしょう》であり又先駆《またせんく》である」と賞讃《しょうさん》した。

さらに、デンマークの国民高等学校(フォルケホイスコーレ)を創設《そうせつ》したニコライ・グルントウィと、その若《わか》き後継者《こうけいしゃ》であるクリステン・コルを、自分と戸田に重ね合わせている。そして、戸田の存在《そんざい》によって、「暗澹《あんたん》たる創価教育学の前途《ぜんと》に一点の光明《こうみょう》を認《みと》めた感がある」と綴《つづ》ったのだ。

まさに、創価学会は、その淵源《えんげん》から、師弟《してい》をもって始まったのである。ゆえに、師弟の道を、永遠《えいえん》に伝《つた》え残《のこ》していくなかに、創価の魂《たましい》の脈動《みゃくどう》があるのだ。

㉖-5

牧口先生の生涯《しょうがい》をかけた戦い

牧口先生が教育者として、また宗教者として、生涯《しょうがい》をかけて追求《ついきゅう》した点は何《なん》であったかを論《ろん》じています。

池田先生の指針

「各部協議会」(一九九三年十二月六日、東京)

牧口先生が、一生を通《つう》じて追求《ついきゅう》されたものは何か。私どもの初代会長は、何を為《な》そうとされていたのか。

それは「民衆《みんしゅう》を利口《りこう》にすること」であった。民衆が、自分自身の知恵《ちえ》を開発し、その知恵で幸福になることをめざされた。そのために「教育革命（教育改造《かいぞう》）」を唱《とな》えられ、やがて、根本的《こんぽんてき》には「宗教革命」が必要だと悟《さと》られた。その道を、まっしぐらに進まれ、そして殉教《じゅんきょう》――。

牧口先生が一貫《いっかん》して改善《かいぜん》しようとされたのは、「権威《けんい》に従順《じゅうじゅん》な民衆《みんしゅう》の卑屈《ひくつ》さ」であった。そして、民衆の卑屈と無知《むち》を改善するどころか、それを助長《じょちょう》し、利用《りよう》し、つけこむ「指導者《しどうしゃ》の利己主義《りこしゅぎ》」を憎《にく》み、戦われた。

また、人間の実際生活《じっさい》に根《ね》ざさない空理空論《くうりくうろん》を、つねに批判《ひはん》された。

〝自分で考えない〟〝人まかせにする〟〝黙《だま》って権威《けんい》に従《したが》う〟――これが昔からの民《みん》衆《しゅう》の態度《たいど》であったと、牧口先生は言われるのである。

一方、こういう従順《じゅうじゅん》さにつけこみ、指導者《しどうしゃ》のほうは民衆《みんしゅう》を見くびって、〝われわれの言うことを黙《だま》って聞いていればよいのだ〟と、ますます権威主義《けんいしゅぎ》になる。

こうして民衆《みんしゅう》は、指導者《しどうしゃ》に盲従《もうじゅう》させられる。これが今までの日本の歴史《れきし》であった。まさに「知《し》らしむべからず、依《よ》らしむべし」の権威主義《けんいしゅぎ》である。

ゆえに「生活に学問なく、学問に生活なく」、生活も学問も、ともに貧《まず》しい。これが日本社会のゆがみであった。

牧口先生は、これを変えようとなされた。「もはや、そんな時代ではない」と。

権威《けんい》が何《なん》だ、地位《ちい》が何だ、有名人が何だ、学歴主義《がくれきしゅぎ》が何だ。そんなものよりも民衆《みんしゅう》が大事だ。

真理を知り、価値《かち》を生んで民衆《みんしゅう》を幸せにすることが大事だ。そうではないか。

そのための学問であり、そのための指導者《しどうしゃ》であり、そのための教育であり、宗教ではないのか。

そうわかれば、これまでの不幸《ふこう》な状態《じょうたい》は即刻《そっこく》、改善《かいぜん》すべきではないか。

牧口先生の大音声《だいおんじょう》は、今もなお鋭《するど》く社会に轟《とどろ》く。

26-6

広宣流布こそ創価の師弟《してい》の目的《もくてき》

日本が軍国主義《ぐんこくしゅぎ》の暗雲《あんうん》に覆《おお》われ、正法《しょうほう》を守るべき宗門《しゅうもん》が権力《けんりょく》に迎合《げいごう》し謗法《ほうぼう》にまみれるなか、牧口先生は民衆《みんしゅう》を救《すく》うために一人、厳然《げんぜん》と立ち上がりました。

池田先生の指針

「本部幹部会」(一九九七年七月九日、東京)

初代会長牧口先生以来《いらい》、創価学会の目的《もくてき》は「広宣流布」である。

では、牧口先生が「広宣流布」という言葉を公式の場で初めて使ったのは、いつか。

いつ、「創価学会は広宣流布を目指す団体《だんたい》である」ことを宣言《せんげん》なされたのか。それは決して、学会が順風《じゅんぷう》の時ではなかった。それどころか、弾圧《だんあつ》のさなかであった。

日本は狂気《きょうき》の国家主義《しゅぎ》によって、戦争《せんそう》を始めた。国民の自由はなくなり、学会にも弾圧《だんあつ》の魔《ま》の手《て》が強まってきた。暗雲《あんうん》が立ちこめ、闇《やみ》はさらに深くなっていった。まさに、その時に、牧口先生は「広宣流布」を叫《さけ》ばれたのである。なんと偉大《いだい》な先生であろうか。

昭和十七年（一九四二年）五月。創価教育学会の第四回総会が開かれた。太平洋戦《せん》争《そう》の開戦《かいせん》から、半年余《あま》りたっていた。

初めのうち、日本は連戦連勝《れんせんれんしょう》だった。しかし、続くわけがない。すぐに行き詰《づ》まった。転落《てんらく》が始まった。それなのに、国民には〝ウソ八百〟の情報《じょうほう》しか流されなかった。だから、本当のことがわからず、「すごい日本だ」「神国《しんこく》日本だ」と、国中が戦勝気分《せんしょうきぶん》に酔《よ》っていた。

しかし、すでにその時、牧口先生は「日本は滅亡《めつぼう》する。絶対《ぜったい》に滅《ほろ》びる」と、鋭《するど》く見ぬいておられた。法眼《ほうげん》というか、仏眼《ぶつげん》というか、透徹《とうてつ》した信心と人格《じんかく》の明鏡《みょうきょう》があった。

総会《そうかい》で、先生は訴《うった》えた。「我々《われわれ》は国家を大善《だいぜん》に導《みちび》かねばならない。敵前上陸《てきぜんじょうりく》も同じである」（『牧口常三郎全集 10』第三文明社、以下、引用は同書から）

わからずやの悪人ばかりのなかに入って大善《だいぜん》を教えるのは、〝敵《てき》の目前《もくぜん》に上陸《じょうりく》する〟のと同じであるというのである。

敵前上陸《てきぜんじょうりく》――迫害《はくがい》があるのは当然《とうぜん》であった。この五月、機関紙《きかんし》「価値創造《かちそうぞう》」も廃刊《はいかん》させられていた。

牧口先生は、毅然《きぜん》と語った。「同じ正宗信者《しょうしゅうしんじゃ》でも自分だけがよいと云《い》ふ独善主義《どくぜんしゅぎ》の従来《じゅうらい》の信仰者《しんこうしゃ》は個人《こじん》主義（＝利己《りこ》主義）の信仰であります」

従来《じゅうらい》の信仰者《しんこうしゃ》、すなわち宗門《しゅうもん》・法華講《ほっけこう》は、利己主義《りこしゅぎ》である。本当の信仰者ではないと、まっこうから叱《しか》ったのである。

自分が拝《おが》んでいるだけでは、たんなる「拝み屋《や》」である。宗門《しゅうもん》も、法華講《ほっけこう》も、折伏《しゃくぶく》精神《せいしん》を忘《わす》れ果《は》てていた。「広宣流布」を完全《かんぜん》に忘れていた。

牧口先生は、こういう人間と妥協《だきょう》しなかった。戦った。だから、激《はげ》しく憎《にく》まれた。憎まれるのが当然《とうぜん》であったろう。しかし憎まれても、きらわれても、それは「正しい道」であった。「信念《しんねん》の道」であった。そして先生は叫《さけ》ばれた。

われわれは「家庭を救《すく》ひ社会を救ひ、さうして広宣流布に到《いた》るまでの御奉公《ごほうこう》の一端《いったん》も出来《でき》ると信《しん》ずるのであります」

これが、「広宣流布」の初めての公式発言であった。「広宣流布に到《いた》るまで」わが身をささげきっていくのだとの宣言《せんげん》である。

牧口先生は、講演《こうえん》をこう結《むす》ばれる。

「お互《たがい》はこの大事な使命を帯《お》びて居《い》れば、自分本位《ほんい》でなく、利用《りよう》するのでなく、如《い》何《か》なる時にも、この選《えら》ばれた大善人《だいぜんにん》である事を自覚《じかく》して精進《しょうじん》せんことを誓《ちか》はねばならぬと信じます」

事実、牧口先生は、「広宣流布」へと前進した。迫害《はくがい》のなか、二百四十回を超《こ》える座談会を開催《かいさい》（一九四一年五月から四三年六月まで）。あのお年で、二百四十回である。

（一九四三年当時、七十二歳）

また、地方にも単身《たんしん》、出かけられた。みずから約五百人の人々を信仰《しんこう》に導《みちび》いたといわれている。（一九三〇年から逮捕《たいほ》される四三年七月まで）

宗門《しゅうもん》が「広宣流布」を完全《かんぜん》に忘《わす》れていた時代である。まことに不思議《ふしぎ》なる偉大《いだい》な先生である。調べれば調べるほど、学べば学ぶほど、その思いを深くする。

いちばん「大変《たいへん》な時」に、「大変な所」から始める。ここに偉大《いだい》な歴史《れきし》が開かれる。本当の歴史が始まる。この学会精神《せいしん》を深くかみしめていくべきである。

状況《じょうきょう》が厳《きび》しければ、その時にこそ、勇気《ゆうき》を奮《ふる》い起《お》こすべきである。

厳《きび》しければ厳しいほど勇《いさ》み立《た》つ。ここに、学会精神《せいしん》の真髄《しんずい》がある。いちばん大変《たいへん》な所に、みずから足を運《はこ》んでこそ、「道」は開かれる。

牧口先生が「広宣流布」を叫《さけ》んだころ、宗門《しゅうもん》は何をしていたか。「広宣流布」を破《は》壊《かい》しようとしていた。昔も今も変わらない。

当時、宗門《しゅうもん》は御書の発刊《はっかん》を禁止《きんし》し、「日蓮は一閻浮提第一《いちえんぶだいだいいち》の聖人《しょうにん》なり」(御書九七四ページ)の御文《ごもん》をはじめ、大切な十四カ所の御聖訓《ごせいくん》を削《けず》り取《と》った。

だれが、こんな非道《ひどう》を許《ゆる》せようか。私どもは許さない。大聖人も許されるわけがない。しかも宗門《しゅうもん》は、いまだに大聖人にも信徒《しんと》にも謝罪《しゃざい》さえしていない。

さらに宗門《しゅうもん》は、大石寺に「神札《かみふだ》」をまつり、牧口先生にも「神札を受けよ」と迫《せま》った。なんという大謗法《だいほうぼう》か。しかも牧口先生が「絶対《ぜったい》に受けません」と断《ことわ》ると、陰《かげ》で学会の弾圧《だんあつ》に味方したのである。

背中《せなか》から刺《さ》すような裏切《うらぎ》り――これが宗門《しゅうもん》である。「これが坊主根性《ぼうずこんじょう》だよ。恐《おそ》ろしいぞ」と、戸田先生はよくおっしゃっていた。利用《りよう》するだけ利用して、あとは切る――これが宗門の極悪《ごくあく》の体質《たいしつ》である。

牧口先生も宗門《しゅうもん》の利用主義《りようしゅぎ》を見ぬかれていた。今もその本性《ほんしょう》は変わっていない。絶《ぜっ》対《たい》に、永遠《えいえん》に宗門を信用《しんよう》してはならない。

一方、牧口先生の弟子たちは、どうだったか。皆《みな》、牧口先生の勢《いきお》いに驚《おどろ》き、おびえた。皆、獅子《しし》ではなく、猫《ねこ》や鼠《ねずみ》だったのである。

「広宣流布」「国家諫暁《かんぎょう》」――こう牧口先生は叫《さけ》ぶ。

それに対して弟子たちは、「今の時期に無茶《むちゃ》だ」「時期尚早《じきしょうそう》だ」「皆《みな》、憲兵隊《けんぺいたい》に連《つ》れて行かれてしまう」と、おびえた。ふだんは「牧口先生とともに」と叫《さけ》んでいた幹部《かんぶ》が、「塩《しお》を振《ふ》りかけられたナメクジ」よりも、だらしなくなった。幹部だからといって、信用《しんよう》ができるとはかぎらない。最前線《さいぜんせん》の学会員のほうが、よほど信用できる場合がある。

こういうなか、戸田先生だけが「ぼくは牧口先生の弟子だ」「あくまで、ぼくは牧口先生にお供《とも》するよ」と、淡々《たんたん》としておられた。厳《おごそ》かな師弟《してい》の姿《すがた》である。

そして戸田先生は「あなたの慈悲《じひ》の広大無辺《こうだいむへん》は、わたくしを牢獄《ろうごく》まで連《つ》れていってくださいました」と師匠《ししょう》に感謝《かんしゃ》をささげたのである。

牢獄《ろうごく》につながれて、文句《もんく》を言うどころか、戸田先生は感謝《かんしゃ》すらされている。一緒《いっしょ》に難《なん》を受けさせていただいた、なんとありがたいことか、と。これが「師弟《してい》」である。

そして戸田先生は生きて出獄《しゅつごく》し、師匠《ししょう》が掲《かか》げた「広宣流布」の旗《はた》を、ふたたび厳然《げんぜん》と掲げて、一人立った。

師弟《してい》は一体不二《いったいふに》であったゆえに、恩師《おんし》の死を乗《の》り越《こ》えて、「広宣流布」のうねりは広がっていったのである。この「師弟不二の道」を、永遠《えいえん》に忘《わす》れてはならない。

26-7 牧口先生、戸田先生の不滅《ふめつ》の闘争《とうそう》

獄中《ごくちゅう》で尊《とうと》い殉教《じゅんきょう》を遂《と》げた牧口先生と、生きて獄《ごく》を出て「巌窟王《がんくつおう》」となって師《し》の正義《せいぎ》を打ち立てた戸田先生――この崇高《すうこう》な創価学会の原点について語っています。

池田先生の指針

「東京総会」(一九八九年八月二十四日、東京)

牢獄《ろうごく》にあって、軍国主義《ぐんこくしゅぎ》と徹底《てってい》して戦われた牧口先生、そして戸田先生。その壮絶《そうぜつ》な戦いは、まさに王者の姿《すがた》であった。

検事《けんじ》の取り調べを受ける牧口先生の姿《すがた》は、むしろ反対に、検事を折伏するかのような、毅然《きぜん》たる態度《たいど》であった。当時はだれも言えなかった言葉を、決然《けつぜん》として言《い》い放《はな》っておられた。つまり牧口先生は、公正な論理《ろんり》、人間の生きる道理のうえから、正面きって堂々《どうどう》と主張《しゅちょう》された。過酷《かこく》な審問《しんもん》の合間をぬって看守《かんしゅ》を折伏し、検事に「価値論《かちろん》」を説《と》き、絶《た》えず御書を拝読《はいどく》される日々であった。

なんという高潔《こうけつ》なお姿《すがた》であろうか。強靱《きょうじん》なる信仰《しんこう》であろうか。

こうした偉大《いだい》なる創立者《そうりつしゃ》を持つことは、創価学会の大いなる誇《ほこ》りであり、誉《ほま》れである。また、いかなる権威《けんい》、権力《けんりょく》にも妥協《だきょう》せず、ひたすら大法流布《だいほうるふ》のために行動された牧口先生の精神《せいしん》は、確固《かっこ》たる伝統《でんとう》精神として、今も学会に脈々《みゃくみゃく》と受《う》け継《つ》がれていることを、私は確信《かくしん》してやまない。

獄中《ごくちゅう》にあっても、悠々《ゆうゆう》たる境涯《きょうがい》であられた牧口先生。そのご心境《しんきょう》について、先生は、次のように記《しる》されている。(以下、書簡は『牧口常三郎全集 10』第三文明社から引用)

「信仰《しんこう》を一心《いっしん》にするのが、この頃《ころ》の仕事です。それさへして居《い》れば、何《なん》の不安《ふあん》もない。心一《こころひと》つのおき所《どころ》で、地獄《じごく》に居ても安全です」（一九四四年一月十七日、家族あての手紙。ただし、「地獄」の二字は検閲《けんえつ》で削《けず》られている）

先生の獄舎《ごくしゃ》は、独房《どくぼう》。むろん暖房器具《だんぼうきぐ》など一切なく、三畳《じょう》の板《いた》の間《ま》に、一枚の硬《かた》い畳《たたみ》が敷《し》いてあるだけである。冬は身を切るような極寒《ごっかん》の環境《かんきょう》であった。

しかも、高齢《こうれい》であったにもかかわらず、先生は「何《なん》の不安《ふあん》もない」と記《しる》されている。何ものにも負けない、また何ものにも崩《くず》されない「信仰《しんこう》の勇者《ゆうしゃ》」「信仰の王者」の姿《すがた》が、ここにあった。

牧口先生の絶筆《ぜっぴつ》となった家族あての書簡《しょかん》には、次のようにつづられている。

「カントの哲学《てつがく》を精読《せいどく》して居《い》る。百年前、及《およ》び其後《そのご》の学者共《がくしゃども》が、望《のぞ》んで、手を着けない『価値論《かちろん》』を私が著《あら》はし、而《し》かも上は法華経の信仰《しんこう》に結《むす》びつけ、下、数千人に実証《じっしょう》したのを見て、自分ながら驚《おどろ》いて居る。これ故《ゆえ》、三障四魔《さんしょうしま》が紛起《ふんき》するのは当然《とうぜん》で、経文通《きょうもんどお》りです」（一九四四年十月十三日。原文のかなは片仮名）

現在では、当時の数千倍、数万倍の規模《きぼ》で、広布は進み、隆々《りゅうりゅう》たる発展《はってん》を遂《と》げている。障魔《しょうま》が競《きそ》い起《お》こるのは、御書に照《て》らし、経文《きょうもん》に照らして必然《ひつぜん》であり、多少のことで愚痴《ぐち》を言ったり、信心を動揺《どうよう》させるのであれば、あまりにも情《なさ》けない。

ともあれ、牧口先生の透徹《とうてつ》した信心、不動《ふどう》の決意、そしてあふれんばかりの正義感《せいぎかん》と情熱《じょうねつ》を、永遠《えいえん》の学会精神《せいしん》として後世《こうせい》に継承《けいしょう》していくことこそ、私どもの使命である。

同じ獄中《ごくちゅう》にあって、戸田先生は、ただただ、ご高齢《こうれい》の師《し》を心配される日々であった。

「三日会わなければ、一年も会わないような気持ちでお仕《つか》えした」と、のちに述懐《じゅっかい》されているが、二十一歳から四十五歳まで、戸田先生は、牧口先生に仕え、ささえきられた。その師《し》の逝去《せいきょ》を知らされたときの落胆《らくたん》、怒《いか》り、悲しみ——。その、筆舌《ひつぜつ》に尽《つ》くしがたい絶望《ぜつぼう》のなかから、戸田先生は、ただお一人、真実の弟子として雄々《おお》しく立ち上がられた。

その心境《しんきょう》について、戸田先生はこう語られた。

「よし、いまにみよ！　先生が正しいか、正しくないか、証明《しょうめい》してやる。もし自分が別名《べつめい》を使ったなら、巌窟王《がんくつおう》の名《な》を使って、なにか大仕事をして、先生にお返ししよ

26-8 初代、二代の精神《せいしん》が三代に結晶《けっしょう》

小説『新・人間革命』では、山本伸一《やまもとしんいち》が第三代の会長に就任《しゅうにん》した一九六〇年の十一月十八日、牧口先生の十七回忌法要《かいきほうよう》を厳粛《げんしゅく》に執《と》り行《おこな》う場面が描《えが》かれています。

池田先生の指針

『新・人間革命 2』（「勇舞」の章）

伸一《しんいち》は、牧口と接《せっ》することはなかったが、戸田城聖《じょうせい》から、その生き方、思想、哲学《てつがく》、信念《しんねん》を徹底《てってい》して教えられてきた。彼の心のなかには、まみえることのなかった先師《せんし》の

姿《すがた》が、鮮明《せんめい》に焼《や》きつけられていたといってよい。

戸田は生前、獄中《ごくちゅう》で牧口の死を聞いた折《おり》のことを語ると、彼の目は赤く燃《も》え、声は憤怒《ふんぬ》に震《ふる》えるのであった。

「牧口先生は、昭和十九年（一九四四年）十一月十八日、冬が間近《まぢか》に迫《せま》った牢獄《ろうごく》のなかで亡《な》くなった。栄養失調《えいようしっちょう》と老衰《ろうすい》のためだ。

私たちは、その前年の秋に警視庁《けいしちょう》で別《わか》れを告《つ》げたきり、互《たが》いに独房《どくぼう》生活で、会うことはできなかった。私は、毎日、毎日、祈《いの》っていた。〝先生は高齢《こうれい》であられる。どうか罪《つみ》は私一身に集まり、先生は一日も早く帰られますように〟と。しかし、先生は亡《な》くなられた。私がそれを聞いたのは、先生の逝去《せいきょ》から五十日余《あま》り過《す》ぎた翌年の一月八日、予審判事《よしんはんじ》の取り調べの時だった。

『牧口は死んだよ』

その一言に、私の胸《むね》は引《ひ》き裂《さ》かれた。独房《どくぼう》に帰って、私は泣《な》きに泣いた。コンクリートの壁《かべ》に爪《つめ》を立て、頭《あたま》を打《う》ちつけて……。

先生は、泰然自若《たいぜんじじゃく》として、殉教《じゅんきょう》の生涯《しょうがい》を終えられたことは間違《まちが》いない。しかし、先生は殺《ころ》されたのだ！　軍部政府《ぐんぶせいふ》に、国家神道に、そして、軍部政府に保身《ほしん》のために迎合《げいごう》した輩《やから》によって……。先生がいかなる罪《つみ》を犯《おか》したというのか！『信教《しんきょう》の自由』を貫《つらぬ》いたがゆえに、殺されたのだ。

あとで聞いたことだが、先生の遺体《いたい》は、親戚《しんせき》のところで働《はたら》く男性《だんせい》に背負《せお》われて獄門《ごくもん》を出た。戦時中《せんじちゅう》のことでもあり、たった一台の車さえも調達《ちょうたつ》することができなかった。奥様《おくさま》は、その遺体《いたい》を自宅《じたく》で寂《さび》しく迎《むか》えた。葬儀《そうぎ》に参列《さんれつ》した人も、指折《ゆびお》り数《かぞ》えられるほど少なかった。皆《みな》、世間を、官憲《かんけん》の目を恐《おそ》れていたからであろう。民衆《みんしゅう》の幸福のために立たれた大教育者、大学者、大思想家にして大仏法者であった先生に、日本は獄《ごく》死《し》をもって報《むく》いたのだ！」

そして、いつも、最後には、阿修羅《あしゅら》のごとく、言うのであった。

「私は必ず、先生の敵《かたき》を討《う》つ！　今度こそ、負けはしないぞ。先生の遺志《いし》である広宣流布を断《だん》じてするのだ。永遠《えいえん》に平和な世の中をつくるのだ。

そして、牧口先生の偉大《いだい》さを世界に証明《しょうめい》していくのだ。伸一《しんいち》、それが弟子の戦いじゃないか！」

怒《いか》りに体《からだ》を震《ふる》わせて語る戸田の姿《すがた》を、伸一《しんいち》は一人、生命に刻《きざ》みつけた。

戸田は、師《し》の牧口の命を奪《うば》った〝権力《けんりょく》の魔性《ましょう》〟に対する怒《いか》りと闘争《とうそう》を忘《わす》れなかった。邪悪《じゃあく》への怒りを忘れて正義《せいぎ》はない。また、悪との戦いなき正義は、結局は悪を温存《おんぞん》する、偽善《ぎぜん》の正義にすぎない。

山本伸一《やまもとしんいち》は、牧口常三郎《つねさぶろう》の十七回忌法要《かいきほうよう》の席《せき》にあって、戸田がいかなる思いで、牧口の法要に臨《のぞ》んできたかをしのぶのであった。

焼香《しょうこう》、牧口門下の代表のあいさつに続いて、山本伸一《やまもとしんいち》がマイクの前に立った。彼は、静《しず》かに語り始めた。

「戸田先生を私どものお父様とするなら、牧口先生はお祖父様《じいさま》であります。つまり、戸田門下生は孫弟子《まごでし》にあたります。孫弟子の私は牧口先生にお目にかかることはできませんでした。しかし、その高潔《こうけつ》な人柄《ひとがら》、そして、社会の救済《きゅうさい》に立ち上がられた尊《とうと》きご精神《せいしん》については、戸田先生から常々《つねづね》お聞きしてまいりました。

牧口先生亡《な》きあとは、戸田先生が死身弘法《ししんぐほう》の大精神《だいせいしん》をそのまま受《う》け継《つ》ぎ、国のため、法《ほう》のため、人びとの幸福のために、苦闘《くとう》に苦闘を重ねられ、今日《こんにち》の創価学会を築《きず》いてくださいました。私は、この偉大《いだい》なる先師《せんし》・牧口先生、戸田先生の後を継いで、第三代会長に就任《しゅうにん》いたしましたが、あまりにも未熟《みじゅく》でございます。しかし、一日一日を、ただただ、誠心誠意《せいしんせいい》をもって戦い抜《ぬ》き、両先生にお応《こた》えしていこうとの思いでいっぱいでございます。

創価学会には、初代会長の大精神《だいせいしん》が、力強《ちからづよ》く脈《みゃく》打っております。牧口先生は、かつて『宗教改革造作《かいかくぞうさ》なし』と叫《さけ》ばれましたが、今や、宗教革命は眼前《がんぜん》にあり、先生の仰《おお》せのごとく、広宣流布の桜《さくら》の花は、爛漫《らんまん》と咲《さ》き始《はじ》めております。

力《ちから》のない私でございますが、本日の法要《ほうよう》を契機《けいき》に、また覚悟《かくご》を新たにし、どんな苦《く》難《なん》も厭《いと》わず、牧口先生の理想を実現してまいる決意でございます」

烈々《れつれつ》たる誓《ちか》いであった。

26-9 戸田先生の人物像《じんぶつぞう》を語る

かつて池田先生は、師《し》・戸田先生の卓越《たくえつ》した人物像《じんぶつぞう》を、さまざまな角度から語りました。そこには、池田先生の胸《むね》に躍動《やくどう》し続ける師の姿《すがた》が生き生きと表現《ひょうげん》されています。

池田先生の指針

「東京第三・第四総合本部合同代表者会議」（一九八六年十二月二十五日、東京）

人生の師《し》である戸田第二代会長は、偉大《いだい》な人格者《じんかくしゃ》であった。未来部、学生部の諸君《しょくん》からも〝戸田先生とは、どんな方だったのか〟との質問《しつもん》の手紙を、数多《かずおお》く受け取っている。
先《さき》ほど、思いつくままに、師《し》への真情《しんじょう》を短《みじか》なかたちでつづってみた。戸田先生の人《じん》物像《ぶつぞう》への示唆《しさ》ともなれば、との思いで述《の》べさせていただきたい。

厳《きび》しい先生であられた
やさしい人生の師《し》であった
鋭《するど》くして剛毅《ごうき》な先生であった
大《おお》らかな師《し》であった
情熱《じょうねつ》の先生であられた
知性《ちせい》の師《し》であった
邪悪《じゃあく》と傲慢《ごうまん》に激怒《げきど》する先生であった
涙脆《なみだもろ》い師《し》であった
総《すべ》ての事象《じしょう》の本質《ほんしつ》を見抜《みぬ》く先生であった

数学の天才の師《し》であった
巌《いわお》の如《ごと》き信心、信念《しんねん》の先生であった
大法外護《だいほうげご》の忠誠《ちゅうせい》の師《し》であった
秋霜《しゅうそう》の如《ごと》き厳《きび》しき性格《せいかく》の先生であられた
常《つね》に春風の如《ごと》き微笑《びしょう》の師《し》であった
「君、一献《いっこん》」と笑《え》みの先生であった
王者の風格湛《ふうかくたた》える師《し》であった
常《つね》に一流の次元の風格《ふうかく》の先生であられた
常《つね》に庶民《しょみん》の味方の師《し》であった

「苦」と「死」に悩《なや》む人々を忘《わす》れぬ先生であった
常《つね》に悩《なや》みを共《とも》にしてくれる師《し》であった
楽観《らっかん》と悲観《ひかん》の両面をもつ先生であった
邪悪《じゃあく》に対しては死力《しりょく》を尽《つ》くす師《し》であった

その人の本質《ほんしつ》を見抜《みぬ》く先生であった
その人の本質《ほんしつ》を昇華《しょうか》させゆく名人の師《し》であった
立正《りっしょう》と安国《あんこく》を叫《さけ》ぶ先生であった
貧《まず》しき家に涙《なみだ》する師《し》であった
一次元《いちじげん》、苦闘《くとう》の連続《れんぞく》の先生であった
人々の喜《よろこ》びと楽しみをうれしく思う師《し》であった
教祖《きょうそ》と言われるのをもっとも嫌《きら》った先生であった
凡夫《ぼんぷ》と大信者《だいしんじゃ》を誇《ほこ》りゆく師《し》であった
常《つね》に大衆《たいしゅう》を愛《あい》する先生であった
一人の生命の深源《しんげん》を見極《みきわ》めゆく師《し》であった
緻密《ちみつ》にして隙《すき》のない先生であられた
常《つね》に豪放磊落《ごうほうらいらく》の師《し》であった
弟子を教えるに峻厳《しゅんげん》な先生であった

弟子のためには生命《いのち》を賭《と》す師《し》であった
燃《も》えあがる情熱《じょうねつ》の先生であった
常《つね》に知性《ちせい》そのものの人生の師《し》であった

26-10 戸田先生と池田先生の出会い

一九四七年八月十四日、戦後《せんご》の荒廃《こうはい》した時代に人生の羅針盤《らしんばん》を求《もと》めていた十九歳の池田先生が、戸田先生と出会った厳粛《げんしゅく》な場面が綴《つづ》られています。

池田先生の指針

『随筆　新・人間革命』（「わが原点　八月十四日」の章、二〇〇二年八月十四日）

その日の夜は、静《しず》かであった。
家々も夜の食事が終わったのであろう、静《しず》かであった。
昭和二十二年（一九四七年）の八月十四日――。

薄暗《うすぐら》い道を、幾人《いくにん》かの人びとが一軒の家をめざして、勇《いさ》んで急いでいた。それは、大田の糀谷《こうじや》での座談会に出席《しゅっせき》するためであった。

この日が、私の人生の「運命の一日」となったといってよい。私にとって、その日は、戸田城聖《じょうせい》先生に創価学会への入会を誓《ちか》い、約束《やくそく》する日となったからである。そして、十日後の八月二十四日に、私は入信したのである。あの座談会の日、私は十九歳であった。

師《し》である戸田先生は、慈父《じふ》のごとく私を待っていてくださった。

三世《さんぜ》に流れゆく厳粛《げんしゅく》な一時《いっとき》であった。戸田先生の弟子となりて、広宣流布にこの身を捧《ささ》げる決意をした、弟子の誓《ちか》いの日である。

終戦《しゅうせん》から満《まん》二年の、蒸《む》し暑《あつ》い、真夏の夜の、庶民《しょみん》の生き生きとした人生の希望《きぼう》の劇《げき》であった。

街灯《がいとう》のない道は暗かった。蒲田《かまた》のあちこちには、忌《い》まわしき焼《や》け野原《のはら》がまだ多く残《のこ》っていた。残酷無残《ざんこくむざん》な犠牲者《ぎせいしゃ》を多く出した善良《ぜんりょう》な市民《しみん》の苦しみは、深く続いていた。

若《わか》き私も、その責任者《せきにんしゃ》はいったい誰《だれ》かを、厳《きび》しく自問《じもん》している一日一日であった。肺病《はいびょう》による発熱《はつねつ》で、当時十代の私は、夕方から常《つね》に体《からだ》がだるくなり、苦しかった。希望《きぼう》の人生を生き抜《い》く一番星たる羅針盤《らしんばん》を求《もと》めていた私は、〝生命哲学《てつがく》〟の会合だという親《した》しき友人の言葉を信《ぬ》じ、意味のわからぬままに座談会へ向かった。

会場に着いたのは、辺《あた》りもみな、暗くなった午後八時ごろであったと思う。玄関《げんかん》で靴《くつ》を脱《ぬ》ぐと、幾分《いくぶん》しゃがれた闊達《かったつ》な声が、奥《おく》から聞こえてきた。初めて接《せっ》する、戸田城聖《じょうせい》先生の謦咳《けいがい》である。それは「立正安国論《りっしょうあんこくろん》」の講義《こうぎ》であった。

日蓮大聖人が、平和社会の実現へ、大哲学の樹立《じゅりつ》を宣言《せんげん》された一書《いっしょ》である。後《のち》に知ったことだが、この「安国論講義《あんこくろんこうぎ》」は、前年からの「法華経講義」に加《くわ》えて、新たに開始され、月一回行われていた。戸田先生が注《そそ》がれた警世《けいせい》の情熱《じょうねつ》そのものの講《こう》義《ぎ》であった。日蓮仏法の真髄《しんずい》の師子吼《ししく》であった。

古い、死せる仏教《ぶっきょう》では断《だん》じてなかった。生き生きとした大確信《だいかくしん》と躍動感《やくどうかん》にみなぎった、光り輝《かがや》く未来への大道が開けていた。

◇

「立正安国論《りっしょうあんこくろん》」の講義《こうぎ》が終わると、懇談《こんだん》に移《うつ》った。戸田先生は、仁丹《じんたん》を嚙《か》みながら、全《まった》く構《かま》えるところのない自然体《しぜんたい》である。形ばかりの宗教家や政治家のような、あの権《けん》威《い》ぶった、人びとを見下《みくだ》す傲慢《ごうまん》さとは全く違《ちが》う、自然体であられた。初対面《しょたいめん》の私も、若《わか》き心のままに質問《しつもん》をさせていただいた。

「先生、正しい人生とは、いったい、どういう人生をいうのでしょうか」

少々、思《おも》い詰《つ》めた声であったかもしれない。

太平洋戦争《せんそう》が勃発《ぼっぱつ》した年（一九四一年）、私は十三歳だった。終戦時《しゅうせんじ》は十七歳である。人生で最《もっと》も多感《たかん》な時期が、黒く厚《あつ》い戦雲《せんうん》に覆《おお》われていた。

さらに私は、結核《けっかく》にも侵《おか》されていた。

「外《そと》からは戦争《せんそう》」「内《うち》からは結核《けっかく》」。常《つね》に背中《せなか》に「死の影《かげ》」が張《は》りついていた。そして敗戦《はいせん》によって、それまでの国家観や人生観は完全《かんぜん》に崩《くず》れ去《さ》った。

いったい、真実の人生とは何か！　この生命を何に使えばよいのか！

戸田先生からは、確信《かくしん》に満《み》ちた、明快《めいかい》な答えが返ってきた。理論《りろん》の遊戯《ゆうぎ》や、話の焦点《しょうてん》をぼかす欺瞞《ぎまん》は少しもない。

青年を愚弄《ぐろう》する大人《おとな》に嫌気《いやけ》がさしていた私は感動した。戦争《せんそう》を賛美《さんび》しながら、戦後《せんご》、手のひらを返すように平和主義者《しゅぎしゃ》に豹変《ひょうへん》した政治家や知識人《ちしきじん》にも辟易《へきえき》していた。

戸田先生が軍部政府《ぐんぶせいふ》の弾圧《だんあつ》を受け、二年間、投獄《とうごく》されていた事実は、私が師事《しじ》する決定的《けっていてき》な理由となった。私自身、もし再《ふたた》び戦争《せんそう》が起きたら、牢獄《ろうごく》に入ってでも抵抗《ていこう》する覚悟《かくご》の人間でありたかった。いかなる権力《けんりょく》の横暴《おうぼう》にも屈《くっ》せぬ勇者《ゆうしゃ》として生きたかった。そのための実践哲学《じっせんてつがく》を求《もと》めていたのである。

私は、人生の道を模索《もさく》する、平凡《へいぼん》な青年の一人にすぎなかった。その私が、師弟《してい》の道に徹《てっ》したからこそ、最高無上《むじょう》の「正義《せいぎ》の人生」を生《い》き抜《ぬ》くことができたと確信《かくしん》している。

私は米国コロンビア大学ティーチャーズ・カレッジにおける講演《こうえん》（一九九六年）で、

戸田先生に呼《よ》びかけるように語った。

「今の私の九八パーセントは、すべて、恩師《おんし》より学んだものであります」

人間だけが師弟《してい》をもつことができる。師弟の道によって自分を高めていける。ここに人間の究極《きゅうきょく》がある。後継《こうけい》の青年たちには、伝《つた》え遺《のこ》せる限《かぎ》り、私のもっているものをすべて伝えたい。一切の後事《こうじ》を託《たく》したい。その私の心を、弟子たる君たちは深く知ってほしいのだ。

26-11

「戸田大学」の薫陶《くんとう》

一九四九年一月から、池田先生は戸田先生が経営《けいえい》する出版社《しゅっぱんしゃ》で働《はたら》き始めました。戦後《せんご》の混乱《こんらん》のあおりを受け、戸田先生の事業が暗礁《あんしょう》に乗《の》り上《あ》げるなか、一身《いっしん》に支《ささ》え抜《ぬ》いた池田先生は、通《かよ》っていた夜間の学校も辞《や》めざるを得《え》ませんでした。その苦闘《くとう》の日々のなかで、戸田先生から直接、万般《ばんぱん》にわたる教育を受けた師弟《してい》のドラマが記《しる》されています。

池田先生の指針

『随筆　新・人間革命』（「戸田大学の名講義」の章、一九九九年十二月七日）

それは、昭和二十五年（一九五〇年）の寒風の吹《ふ》きすさぶ日であった。

戸田先生が、厳粛《げんしゅく》なお顔で、私に尋《たず》ねられた。

「日本の経済も混乱《こんらん》している時代であり、私の仕事も、ますます多忙《たぼう》になっていくから、ついては、君の学校のほうも、断念《だんねん》してもらえぬか？」

私は、即座《そくざ》にお答えした。

「結構《けっこう》です。先生のおっしゃる通りにいたします」

すると先生は、厳《きび》しい眼差《まなざ》しのなかに、優《やさ》しさを光らせながら、「そのかわり、私が責任《せきにん》をもって、君の個人教授《こじんきょうじゅ》をしていくよ」と言われた。

やがて、戸田先生は、毎週、日曜日になると、私をご自宅《じたく》に呼《よ》ばれ、一対一の個人《こじん》教授《きょうじゅ》をされるようになった。

魂《たましい》と魂が光を放《はな》つ、この「戸田大学」の講義《こうぎ》は、午前も午後も続き、よく夕飯《ゆうはん》をいただいて、晴れ晴れと帰ってきた。

次第《しだい》に、日曜だけでは時間が足りなくなり、戸田先生の会社でも、毎朝、必ず、講《こう》義《ぎ》をしてくださった。

この先生の会社での講義《こうぎ》は、昭和二十七年五月八日の木曜日から、昭和三十二年まで続けられた。

それは、戸田先生の会長就任《しゅうにん》一周年の直後から、ご逝去《せいきょ》の直前までの期間となる。

開講《かいこう》に際《さい》して、先生はこう語られた。

「高等教育の万般《ばんぱん》を教えよう。優秀《ゆうしゅう》な大学以上に、教育を授《さず》けたい。いくら大学を出ても、多くは、何を習ったか忘《わす》れてしまうものだ。残《のこ》っているのは、大綱《たいこう》だけで精《せい》いっぱいである。私が、君には、これから、あらゆる生きた学問を教えてあげたいのだ」

講義《こうぎ》の時間は、原則《げんそく》として、仕事が始まる前の、朝八時過《す》ぎから九時ごろまで、小《こ》一時間《いちじかん》であった。

先生は、朝の出勤《しゅっきん》時間には厳《きび》しかった。先生より早く出社して、掃除《そうじ》や雑巾《ぞうきん》がけ等を、いっさい済《す》ませて、お待ちせねばならなかった。

先生が「よー」と、一言《ひとこと》、言われながら入ってこられると、すぐさま、真剣《しんけん》な講義《こうぎ》が開始された。先生の真正面《ましょうめん》に私が座《すわ》り、他の社員が椅子《いす》を持《も》ち寄《よ》って、それを囲《かこ》んだ。

まず、受講生《じゅこうせい》が教科書を順番《じゅんばん》で朗読《ろうどく》し、これを受けて、戸田先生が自在《じざい》に講義《こうぎ》されるという形で進められた。

時には、その教科書を破折《はしゃく》されることもあった。

「この理論《りろん》には筋《すじ》が通っていない」

「この説《せつ》には無理《むり》がある」

「これは、深い思索《しさく》がない論説《ろんせつ》である」

「この学者は、一部の原理をもって、すべてに当《あ》てはめようとしている」等々と、その鋭《するど》い天才ぶりは驚《おどろ》くものであった。

受講中《じゅこうちゅう》は、メモを取ることはできなかった。先生は、一言一句《いちごんいっく》を、生命に刻《きざ》みつけることを、願《ねが》っておられたようだ。

なぜ、メモを取らせないか。先生は、こんな史話《しわ》をしてくださった。

——ある蘭学者《らんがくしゃ》が、長崎《ながさき》で、オランダ医学を勉強した。一語残《いちごのこ》らず書き取ったため、その筆記帳《ひっきちょう》は行李《こうり》いっぱいの膨大《ぼうだい》なものになった。ところが、海を渡《わた》って帰る時、船が沈《しず》んで、それを全部なくしてしまった。あとは、頭《あたま》の中はカラであった、と。だから、「君たちは、全部、頭の中に入れておけ。メモはダメだ」と、先生は言われたのである。

ゆえに、一回一回が真剣勝負《しんけんしょうぶ》であった。後《のち》に、仲間《なかま》から伺《うかが》った話だが、戸田先生は陰《かげ》で、「大作は、海綿《かいめん》のように良《よ》く吸収《きゅうしゅう》する」と言ってくださっていたようである。

科目は、まず「経済学《けいざいがく》」から始められた。次に「法学」である。さらに「化学」「天文学」「生命論」などの科学万般《ばんぱん》。また、「日本史」「世界史」。ならびに「漢文《かんぶん》」。そして「政治学」という、大きな流れで進んでいった。

使用したテキストも、たいてい、当時の最新《さいしん》の部類《ぶるい》が選《えら》ばれていた。たとえば、科学では、『新科学大系』というシリーズを使ったが、新刊《しんかん》が出た数日後には、もう早《そう》朝講義《ちょうこうぎ》に取り上げられていたこともあった。そこには、「時代の先端《せんたん》を行くのだ」との、戸田先生の訓練《くんれん》があったと思う。

私の『若き日の日記』をひもとくと、随所《ずいしょ》に、先生の講義《こうぎ》の記録《きろく》が綴《つづ》られてある。

こういう一節もあった。

「先生の、身体をいとわず、弟子を育成《いくせい》して下《くだ》さる恩《おん》――吾人《ごじん》は、いかに返さんや。今だ。力《ちから》、力、力を蓄《たくわ》える時は。あらゆる力を、後代《こうだい》の準備《じゅんび》として蓄えん」

これが、昭和二十八年、師走《しわす》の二十二日の日記である。私は、二十五歳であった。

26-12 苦境《くきょう》を乗《の》り越《こ》えた師弟《してい》の闘争《とうそう》

事業の苦境《くきょう》に直面し、理事長を辞任《じにん》した戸田先生を、若《わか》き池田先生が厳然《げんぜん》と守り抜《ぬ》き、第二代会長就任《しゅうにん》への道を開いた歴史《れきし》を語っています。

池田先生の指針

「本部幹部会、全国婦人部幹部会」（二〇〇六年一月六日、東京）

昭和二十六年（一九五一年）の一月、戸田先生の事業は最大《さいだい》の苦境《くきょう》にあった。すでに前年の夏には、当局から営業停止命令《えいぎょうていしめいれい》を受けていた。

さんざん先生にお世話になってきた人たちが、ひとたび風向《かざむ》きが悪くなると、一人また一人と、先生のもとを去《さ》っていった。なかには、「戸田のバカ野郎《やろう》!」と不知恩《ふちおん》の罵声《ばせい》を浴《あ》びせて、離《はな》れていった者もいたのである。

最後に残《のこ》ったのは、実質的《じっしつてき》に、私一人。

若《わか》き私は、悪口《あっこう》と中傷《ちゅうしょう》を浴《あ》びながら、先生の事業の再建《さいけん》へ駆《か》けずり回《まわ》って働《はたら》いた。給料《きゅうりょう》は何カ月ももらえない。食事も満足《まんぞく》にできない。せめて体《からだ》が、もう少し丈夫《じょうぶ》であったなら。苦しみ、悩《なや》み、もがきながら、新《あら》たな活路を求《もと》めて、真剣《しんけん》に唱題を重《かさ》ねた。毎晩《まいばん》のように御書を拝《はい》した。

戸田先生は、さまざまなことを熟慮《じゅくりょ》された末《すえ》に、理事長の職《しょく》も辞任《じにん》されたのである。(=戸田先生が理事長辞任の意向を発表したのは一九五〇年八月二十四日)

私は、思いあまって戸田先生にうかがった。

「先生、先生が理事長をお辞《や》めになれば、新しい理事長が、私の師匠《ししょう》になるのですか」

戸田先生は言った。

「それは、ちがう。苦労《くろう》ばかりかけるけれども、君の師匠《ししょう》は私だ」

わが人生の忘《わす》れ得《え》ぬ一場面《いちばめん》である――。

あまり自分で自分のことを言いたくはないけれども、次の学会を背負《せお》っていく青年部には、すべて知っておいてもらわねばならない。あえて、きょうは、真実の歴史《れきし》の一端《いったん》を語らせていただく。

〈この一カ月後の九月二十一日、池田先生は、ただ一人で師《し》を支《ささ》え抜《ぬ》く思いを、「古《いにしえ》の奇《く》しき縁《えにし》に　仕《つか》へしを　人《ひと》は変《かわ》れど　われは変らじ」との和歌に託《たく》して戸田先生に贈《おく》った。戸田先生は返歌《へんか》として、即座《そくざ》に「幾度《いくたび》か　戦《いくさ》の庭《にわ》に　起《た》てる身《み》の　捨《す》てず持《たも》つは　君《きみ》の太刀《たち》ぞよ」「色《いろ》は褪《あ》せ　力《ちから》は抜《ぬ》けし　吾《わ》が王者《おうじゃ》　死《し》すとも残《のこ》すは　君が冠《かんむり》」と、二首の和歌を詠《よ》んだ。峻厳《しゅんげん》な師弟《してい》のドラマである〉

昭和二十六年の一月六日、私は、正午近く、戸田先生のご自宅《じたく》に呼《よ》ばれ、先生の部《へ》屋《や》に入った。二十三歳になったばかりであった。

あの剛毅《ごうき》な、偉大《いだい》な戸田先生が、このときばかりは、憔悴《しょうすい》しきっておられた。事業の状況《じょうきょう》は悪化の一途《いっと》であった。まさに絶体絶命《ぜったいぜつめい》の危機《きき》に追《お》い込《こ》まれていたのである。厳《きび》しい表情《ひょうじょう》であられた。

部屋《へや》にいたのは、先生と先生の奥様《おくさま》と私の三人だけ。そして先生は、「きょうはよく聞いてもらいたいことがある」と私に、こう話されたのである。

「私に、もし万一《まんいち》のことがあったら、学会のことも、事業のことも、いっさい、君に任《まか》せるから、全部、引き受けてくれないか」

先生は、さらに声を強められた。

「何が起きたとしても、私と君とが、使命に生き切るならば、きっと大聖人の御遺《ごゆい》命《めい》を達成《たっせい》する時が来るだろう。誰《だれ》が何《なん》と言おうと、強く、強く、君は、学会のために前へ進むのだ」

戸田先生の遺言《ゆいごん》と、私は厳粛《げんしゅく》に受け止めた。

そして、この日の誓願《せいがん》を、〝大楠公《だいなんこう》〟の精神《せいしん》に託《たく》して、次のように日記に書《か》き留《とど》めたのである。

「先生は、正成《まさしげ》の如《ごと》く、吾《わ》れは、正行《まさつら》の如くなり。奥様《おくさま》は、落涙《らくるい》。此《こ》の日の、感動、厳粛《げんしゅく》、感涙《かんるい》、使命、因縁《いんねん》、生《い》き甲斐《がい》は、生涯《しょうがい》、忘《わす》るることはない。

後継者《こうけいしゃ》は、私であることが決まった。

激越《げきえつ》の、年も刻々《こっこく》と明《あ》けて来た。いかなる苦悩《くのう》にも打ち勝ちて、男らしく、青年らしく、若人《わこうど》らしく、本年も戦いきろう」(『若き日の日記』)

この日、この時の「師弟《してい》の誓《ちか》い」のままに、私は、死に物狂《ものぐる》いで戦った。広宣流布の大師匠《だいししょう》であられる戸田先生に、ただ一人、お仕《つか》えし、ただ一人、お守りしぬいた。

これが学会の歴史《れきし》である。師弟《してい》の本当の姿《すがた》である。この一点にこそ、学会の魂《たましい》があり、原点がある。

幹部《かんぶ》であっても、戸田先生と苦衷《くちゅう》を分《わ》かつ者は、ほとんどいなかったといっていい。理事長を務《つと》めた人間までが、戸田先生を誹謗《ひぼう》したのである。

しかし、だれがどうあろうとも、私は心に決めていた。

〝断《だん》じて、戸田先生に、次の会長になっていただくのだ。そして、広宣流布の指揮《しき》を縦横無尽《じゅうおうむじん》に執《と》っていただくのだ〟

私は祈《いの》った。先生のために。学会のために。激闘《げきとう》のなかで祈りぬいた。もう寝《ね》ても覚《さ》めても題目。歩いていても題目。車の中でも、電車に乗《の》っても、時間さえあれば、すべて題目。ただただ、題目を抱《だ》きしめて、この世の残酷《ざんこく》な苦難《くなん》をはね返し、戸田先生が第二代会長に就任《しゅうにん》される道を、命《いのち》を賭《と》して、切り開いていったのである。

そして迎《むか》えた昭和二十六年の五月三日。苦悩《くのう》の激動《げきどう》を耐《た》え忍《しの》ばれ、ついに、戸田先生は、晴ればれと第二代会長に就任《しゅうにん》された。

その盛大《せいだい》な推戴《すいたい》の儀式《ぎしき》の日。戸田先生は、そっと私に「君のおかげだよ。本当にありがとう」と落涙《らくるい》された。

また晩年《ばんねん》、私の義父母《ぎふぼ》と数人の学会首脳《しゅのう》がいる席《せき》で、戸田先生は語っておられたという。

「私の人生は、良《よ》き弟子を持って、本当に幸せだった」と。

思えば、初代《しょだい》の牧口先生が軍部権力《ぐんぶけんりょく》と対決して牢獄《ろうごく》につながれたとき、獄中《ごくちゅう》までお供《とも》し、最後まで戦われたのは、戸田先生、ただお一人であった。この「一人」が大事なのである。

その戸田先生を、人生のすべてを捧《ささ》げてお守りしぬいたのは私である。ゆえに私は、第三代会長となった。

この究極《きゅうきょく》の「師弟不二《していふに》」の大闘争《だいとうそう》にこそ、今日《こんにち》にいたる学会の大発展《だいはってん》の根本《こんぽん》の因《いん》がある。それを、断《だん》じて忘《わす》れないでいただきたい。

26-13 仏法の生命は師弟不二《していふに》にある

師弟不二《していふに》の境地《きょうち》に立ってこそ、師の真実が弟子に脈々《みゃくみゃく》と伝《つた》わり、仏法の生命が流《なが》れ通《かよ》っていくと語っています。

池田先生の指針

「関西総会、兵庫県総会」（一九九一年十月十六日、兵庫）

戸田先生の「真実」とは何か。結論《けつろん》していえば、「広宣流布あるのみ」――ただそれしかなかった。そして、「広宣流布」を進めゆくための「創価学会」を築《きず》き、守りぬいていく以外《いがい》にない――ここにこそ、先生の「真実」があった。

そして「大切な仏子《ぶっし》を、一人残《のこ》らず幸福にさせたい」との一念《いちねん》――先生のお考え、行動の一切は、そこに発し、そこに尽《つ》きていた。

ある時は、阿修羅《あしゅら》のごとく悪を砕《くだ》き、ある時は、大海《たいかい》のごとき慈愛《じあい》で同志《どうし》をつつんでくださった――まさに、天を支《ささ》える巨人《きょじん》アトラス（ギリシャの伝説に登場する巨人）のように、ただ一人、広布の前進を担《にな》われた先生であられた。

私は、十九歳の夏、先生とお会いした。一年数カ月後、二十一歳からは直接、先生のおそばで働《はたら》いた。三百六十五日、朝から夜中まで、懸命《けんめい》にお仕《つか》えした。

ある時など、朝の四時ごろ、急に呼《よ》ばれたことがある。今と違《ちが》って、車など簡単《かんたん》に見つからない。それでも不思議《ふしぎ》とタクシーが見つかり、先生のもとに駆《か》けつけた。一事《いちじ》が万事《ばんじ》で、毎日が、それは厳《きび》しい訓練《くんれん》の連続《れんぞく》であった。

人物の真価《しんか》は窮地《きゅうち》にあってこそ、明《あき》らかとなる。その意味で私は、先生を、あらゆる面で、つぶさに見てきた。先生の「真実」を、魂《たましい》の奥底《おうてい》に刻《きざ》んできた。

私は「先生の行くところ、どこまでも行く。先生とともに生き、先生の目的《もくてき》のために死のう」と決めた。弟子として先生の志《こころざし》を受《う》け継《つ》ぎ、広宣流布の一切の責任《せきにん》を担《にな》いゆかんと決めた。

その時から、先生のお気持ち、お考えが、鮮明《せんめい》に心に映《えい》じはじめた。師の真《しん》の偉大《いだい》さ、すばらしさを、胸中深《きょうちゅうふか》く焼《や》きつけることができた。また打つ手、打つ手が、師のリズムに合致《がっち》しゆく自身を確信《かくしん》した。

私が言っていること、やっていることは、すべて先生の心を受けての言動のつもりである。師弟《してい》の心は、どこまでも「不二《ふに》」でなければ、仏法の生命はない。師《し》の教えを守ってこそ弟子である。「師弟《してい》」である。

26-14 師匠《ししょう》に勝利の報告を！

戸田先生が第二代会長に就任したとき、会員は実質《じっしつ》三千人ほどでした。そのなかで戸田先生は、七十五万世帯への拡大を宣言しました。この大願が、わずか六年半で見事に成《な》し遂《と》げられた陰《かげ》に、師《し》の構想《こうそう》を断《だん》じて実現せんとする池田先生の不二《ふに》の激闘《げきとう》があったことが語られています。

池田先生の指針

「5・3記念代表者会議」（二〇〇九年五月三日、東京）

第二代会長の就任式《しゅうにんしき》で、戸田先生は大宣言《だいせんげん》なされた。

「七十五万世帯の折伏《しゃくぶく》は私の手でいたします」「もし、私のこの願《ねが》いが、生きている間に達成《たっせい》できなかったならば、私の葬式《そうしき》は出してくださるな」

しかし、当時の弟子たちは、師匠《ししょう》が人生の大願《だいがん》を語られた、この重大発表を夢物語《ゆめものがたり》として聞き流した。これは、当時の聖教新聞にも、掲載《けいさい》されなかった。小才子《こさいし》の傲慢《ごうまん》な幹部《かんぶ》が、できもしない目標《もくひょう》を後世《こうせい》に残《のこ》せないと記事にさえしなかったのである。

戸田先生が会長に就任《しゅうにん》された五月、A級支部でさえ、一カ月の折伏目標《しゃくぶくもくひょう》は、五十世帯であった。しかし、何があろうとも、師《し》の構想《こうそう》を実現するのが、弟子の道ではないか。戸田先生の願業《がんぎょう》は、そのまま弟子たる私の誓願《せいがん》となった。断《だん》じて成《な》し遂《と》げねばならぬ、わが使命となった。

だが学会の弘教《ぐきょう》は、まったく進まなかった。いな、心の中では皆《みな》が諦《あきら》めていた。古《こ》参《さん》の幹部《かんぶ》は、低迷《ていめい》の分厚《ぶあつ》い壁《かべ》を前に嘆息《たんそく》するばかりであった。

しかし、その中にあって、私は満《まん》を持《じ》して、蒲田支部幹事《かまたしぶかんじ》として、広宣流布の主戦《しゅせん》場《じょう》に躍《おど》り出《で》た。

それは、昭和二十七年（一九五二年）の厳寒《げんかん》の二月、戸田先生が五十二歳となられるお誕生《たんじょう》の月であった。

私は、先生の心を叫《さけ》び抜《ぬ》いた。師弟《してい》の道を訴《うった》え続けた。広宣流布の師匠《ししょう》の魂《たましい》に心が融合《ゆうごう》する時、地涌《じゆ》の菩薩《ぼさつ》の智慧《ちえ》と勇気《ゆうき》の生命が、わが胸中《きょうちゅう》にも、わき起こるからだ。

先生にお応《こた》えせんと、わが同志《どうし》は私と共《とも》に、心を入《い》れ替《か》え、勇《いさ》み走ってくれた。そこには、歓喜《かんき》があった。希望《きぼう》があった。ロマンがあった。勢《いきお》いがあった。誰《だれ》もが、じっとしてなどいられなかった。そして、わが蒲田支部《かまたしぶ》は一挙《いっきょ》に「二百一世帯」という未聞《みもん》の拡大《かくだい》を成《な》し遂《と》げた。

「やれば、できる」――七十五万世帯への誓願《せいがん》実現の突破口《とっぱこう》は、ここに決然《けつぜん》と開かれたのだ。蒲田《かまた》は勝った！　ふるさと東京の勝利の大行進が始まったのである。

法華経には、仏《ほとけ》の力用《りきゆう》として、「知道《ちどう》」「開道《かいどう》」「説道《せつどう》」と記《しる》されている。妙法を持《たも》った我《われ》らは、「道を知り」「道を開き」「道を説《と》く」力《ちから》を発揮《はっき》していけるのだ。

戸田先生の直弟子《じきでし》として、私は、城東《じょうとう》へ、文京《ぶんきょう》へ、札幌へ、大阪へ、関西へ、山口へ、中国へ、荒川《あらかわ》へ、葛飾《かつしか》へと走りに走った。行くところ、向かうところ、新たな光り輝《かがや》く広宣流布の大道《だいどう》を開拓《かいたく》し、常《つね》に断固《だんこ》として師弟《してい》勝利の旗《はた》を打ち立てていった。

すべてが、困難《こんなん》このうえない戦いの日々であった。容易《ようい》な戦いなど一つもなかった。不可能《ふかのう》を可能としゆく、「まさかが実現」の戦いであった。

その最大《さいだい》の勝因《しょういん》は、いったい何《なん》であったか？　それは、ひと言で言うならば、いついかなる時も、わが心が師《し》と共《とも》にあったことだ。

私は、一切を先生に報告し、指導《しどう》を仰《あお》いだ。最寄《もよ》りの目黒の駅で降《お》りて、駆《か》け足《あし》で先生のご自宅《じたく》に向かったことも数知《かずし》れない。

また〝先生ならば、どうされるか〟を常《つね》に考えた。先生が今、私を見たら、何《なん》と言われるか？　胸《むね》を張《は》って、ご覧《らん》いただける自分であるかどうか。私はいつも、そう己《おのれ》に問《と》うてきた。

渾身《こんしん》の力《ちから》で戦い抜《ぬ》く、わが心には、「よくやった！」と笑《え》みを浮《う》かべて頷《うなず》いてくださる先生の顔が光っていた。とともに、「まだまだだ！」と厳《きび》しく叱咤《しった》される師《し》の雷《らい》鳴《めい》が、いつも轟《とどろ》いていた。

私は、来る日も来る日も、自分自身に強く言い聞かせていたのである。

「仏法は勝負である。ゆえに、敗北《はいぼく》は罪《つみ》である。負ければ、先生の広宣流布の構想《こうそう》を頓挫《とんざ》させることになる。断《だん》じて負けてはならない。絶対《ぜったい》に勝利の報告をするのだ」

その一心不乱《いっしんふらん》の「祈《いの》り」が、力《ちから》となり、智慧《ちえ》となった。その勇猛精進《ゆうみょうしょうじん》の「行動」が、活路《かつろ》を開き、諸天善神《しょてんぜんじん》を動かした。

ただただ、先生に喜《よろこ》んでいただきたい！　その誓《ちか》いの一念《いちねん》だけで、来る年も来る年も走りに走った。

前進！　前進！　前進！

勝利！　勝利！　勝利！

永劫《えいごう》に悔《く》いなき弟子の赤誠《せきせい》を、私は貫《つらぬ》き通した。

師弟《してい》の共戦《きょうせん》は、あらゆる試練《しれん》を乗《の》り越《こ》え、勝ち越えて、昭和三十二年の十二月、遂《つい》に学会は、七十五万世帯を達成《たっせい》した。先生の大願《だいがん》は完璧《かんぺき》に成就《じょうじゅ》されたのである。

師匠《ししょう》の挑戦《ちょうせん》は、弟子の挑戦である。

弟子の勝利は、師匠《ししょう》の勝利である。

そして「師弟《してい》」の栄光《えいこう》は、「永遠《えいえん》」の栄光である。

仏法の根幹《こんかん》は、「師弟《してい》」である。なかんずく、「師弟不二《ふに》の祈《いの》り」である。

大聖人は仰《おお》せだ。

「弟子《でし》と師匠《ししょう》が心を同じくしない祈《いの》りは、水の上で火《ひ》を焚《た》くようなものであり、叶《かな》うわけがない」（御書一一五一ジペー、通解）と。いくら祈っても、師弟《してい》が心を合わせていかなければ、祈りは叶わないとの御断言《ごだんげん》である。

反対に、師弟《してい》の祈《いの》りが不二《ふに》であれば、断《だん》じて祈りは叶《かな》う。絶対《ぜったい》に不可能《ふかのう》をも可能にしていくことができる。

これが仏法の方程式《ほうていしき》である。

26-15 一人立つ弟子の道

戸田先生のもと、青年部の中核《ちゅうかく》として、師《し》の心を心とし、あらゆる戦いの先頭に立ち、広宣流布の大道《だいどう》を開いていった歴史《れきし》を綴《つづ》っています。

池田先生の指針

『随筆　人間世紀の光』（「新しき一年の旅立ち」の章、二〇〇四年一月六日）

昭和二十九年（一九五四年）の春三月のことであった。

私は戸田先生から、「大作が立つ時が来た。大作よ、青年部の室長になれ。俺《おれ》も少々、疲《つか》れた。一切、頼《たの》むぞ」と、直接の任命《にんめい》をいただいたのだ。

ともあれ、戸田先生が、約《やく》三千人の同志《どうし》と共《とも》に、第二代会長として立たれ、広宣流布の大進撃《だいしんげき》を開始して、間《ま》もなく満《まん》三年を迎《むか》えようとしていた。広宣流布の構想《こうそう》はすべて先生の胸中《きょうちゅう》から発し、折伏弘教《しゃくぶくぐきょう》の波も、いよいよ十万の大波となってきていた。

しかし、大躍進《だいやくしん》とはいえなかった。

当時の学会は、すべてが戸田先生の双肩《そうけん》にかかっていた。個人指導《こじんしどう》も御書講義も、青年たちの訓練育成《くんれんいくせい》、そして、地方への広布の展開《てんかい》も、すべてが先生の陣頭指揮《じんとうしき》で行われた。

学会を「船」だとすれば、先生お一人で、船のスクリューと操舵《そうだ》を兼《か》ねておられたようなものであった。

御本尊を根本《こんぽん》として、同志《どうし》の信心のエンジンは回転を増《ま》していた。その勢《いきお》いが確実《かくじつ》にスクリューに連動《れんどう》し、正しく舵取《かじと》りされてこそ、船は波を蹴《け》って前進する。

先生は、新しいスクリューをつくろうとされた。そして私に広宣流布の全責任《ぜんせきにん》を担《にな》うべき立場を与《あた》え、訓練《くんれん》してくださったのである。

任命《にんめい》のその日、三月三十日の日記に、私は綴《つづ》った。

「一段《いちだん》、一段、学会の中核《ちゅうかく》となって、広布の推進《すいしん》をせねばならぬ。これが、自己《じこ》の使命だ。

草花《くさばな》あり、花を咲《さ》かせる。これ使命なり。

自己《じこ》あり、妙法の流布《るふ》をいたす。これ使命なり」（『若き日の日記』）

そして、仏《ほとけ》と魔《ま》の大闘争《だいとうそう》に立ち上がる決意を込《こ》め、「結句《けっく》は勝負《しょうぶ》を決《けっ》せざらん外《ほか》は此《こ》の災難《さいなん》止《や》み難《がた》かるべし」（御書九九八ジペー）と記《しる》した。仏法は、あくまでも勝負である。

わが使命は勝つことなりと、私は生命に刻《きざ》みつけたのであった。

この年（一九五四年）、戸田先生は、年頭から青年部幹部《かんぶ》の会合に出席《しゅっせき》し、「次代の学会は青年に託《たく》す！」と、烈々《れつれつ》たる気迫《きはく》で叫《さけ》ばれた。

私に対する毎朝の講義《こうぎ》も続いていた。「勉強せよ、勉強せよ」と、先生のお声には、遺言《ゆいごん》の響《ひび》きさえあった。

そうしたなかでの、青年部の室長の任命《にんめい》であった。それは、創価の中核中《ちゅうかくちゅう》の中核である。私は、「自分の成長《せいちょう》が青年部の成長である。いな学会の前進である」と決心したのである。

何があろうが、歯を食いしばって、一歩でも、二歩でも前に進むことだ。私は、毎日、寸暇《すんか》を惜《お》しんで御書を拝《はい》した。読書にも挑戦《ちょうせん》した。仕事も、学会活動も、全責任《ぜんせきにん》を持ちながら、戦い、走り回った。一日一日が激戦《げきせん》であり、勝負であった。

あまりにも多忙極《たぼうきわ》まる日々であり、私の弱い体《からだ》は、重苦《おもくる》しい疲労《ひろう》が重《かさ》なり、微熱《びねつ》はいっこうに下がらず、いつ倒《たお》れても不思議《ふしぎ》でない生命の状態《じょうたい》になっていた。

先生は、魔《ま》を断《た》ち切《き》るように厳《きび》しく言われた。

「三障四魔《さんしょうしま》との戦いだ。泣《な》いて、御本尊を拝《おが》みゆく以外《いがい》に打開《だかい》はないよ」

断《だん》じて、強くなれ！

強く立て！

強く生きるのだ！

私は、色心《しきしん》の宿命《しゅくめい》を革命する思いで、猛然《もうぜん》と怒濤《どとう》に立ち向かっていった。

室長になったからといって、戸田先生から、こうしなさい、ああしなさいといった話は全《まった》くなかった。

「まず、全部、自分たちで責任《せきにん》をもって考えよ」という先生の訓練《くんれん》であった。現場第一《げんばだいいち》である。そして、同志《どうし》が苦しまないよう、戦いやすくなるよう、また、広布の長い展望《てんぼう》のうえから、電光石火《でんこうせっか》のスピードで、あらゆる課題《かだい》に手を打っていった。机上《きじょう》で小手先《こてさき》の策《さく》を練《ね》るのではない。自らが最前線《さいぜんせん》に飛《と》び込《こ》み、誰《だれ》よりも苦労《くろう》して、智慧《ちえ》を湧《わ》かせ、活路《かつろ》を開いていくのだ。

戸田先生は、「あくまでも自己《じこ》に厳《きび》しく、人びとを大きく包容《ほうよう》していくことを常《つね》に心がけなければ、強力《きょうりょく》なる推進力《すいしんりょく》となることはできない」と将軍学《しょうぐんがく》を教えられた。

当時は、本当によく先生に叱《しか》られた。情報《じょうほう》が遅《おそ》いと言っては叱られ、何かの対応《たいおう》について、また怒《おこ》られる。直接、関係ないことでも、どうなっているかと叱責《しっせき》された。すべて、青年部が広宣流布の責任《せきにん》を担《にな》えとの、ありがたき厳愛《げんあい》の指導《しどう》であったのだ。

一人立つ――師《し》の深き期待に応《こた》える大道《だいどう》は、この一念《いちねん》を定《さだ》める以外《いがい》にない。

わが青年部の戦友《せんゆう》もまた、自分のいるその場所で、断固《だんこ》として、勝利の全責任《ぜんせきにん》を担《にな》い立て！　広宣流布の激戦《げきせん》が行われているところなら、どこにでも駆《か》けつけ、逆転《ぎゃくてん》の突破口《とっぱこう》を切り開け！

私は、その模範《もはん》の開拓者《かいたくしゃ》になって、戦い進んだ。そして、新しき勝利と拡大《かくだい》の渦《うず》を巻《ま》き起《お》こしていったのである。

任命《にんめい》から一カ月余《よ》が過《す》ぎた五月には、「青年部五千人の結集《けっしゅう》」を行《おこな》った。そのわずか半年後には、倍増《ばいぞう》の「一万人の大結集《だいけっしゅう》」も実現した。

翌年《よくねん》（一九五五年）、日蓮宗（身延派《みのぶは》）との「小樽問答《おたるもんどう》」でも勝った。「札幌・夏の陣《じん》」でも日本一の弘教《ぐきょう》を敢行《かんこう》した。

昭和三十一年（一九五六年）の「大阪の大法戦《だいほうせん》」では、一支部で一カ月に一万一千百十一世帯の折伏《しゃくぶく》という不滅《ふめつ》の金字塔《きんじとう》を打ち立てた。

続く「山口の開拓指導《かいたくしどう》」も勝った。学会員を苛《いじ》め、信教《しんきょう》の自由を侵《おか》すような勢力《せいりょく》と戦った「夕張炭労事件《ゆうばりたんろうじけん》」でも、私は勝ってきた。

さらに、第三代会長に就任《しゅうにん》した翌年《よくねん》（一九六一年）には、国立競技場《こくりつきょうぎじょう》を埋《う》め尽《つ》くした「精鋭《せいえい》十万の大結集《だいけっしゅう》」を達成《たっせい》した。これには、日本中が驚《おどろ》き、幾多《いくた》のマスコミが走った。

私は、この大結集《だいけっしゅう》を、青年部の室長としての決着点《けっちゃくてん》と決めていた。私は、満天下《まんてんか》に完勝《かんしょう》の旗《はた》を悠然《ゆうぜん》と打ち立てたつもりだ。

楽《らく》な戦いは一つもなかった。誰《だれ》もが「難《むずか》しい」「無理《むり》だ」と後込《しりご》みする激戦《げきせん》ばかりであった。しかし、偉大《いだい》なる師匠《ししょう》の弟子として、断《だん》じて負けるわけにはいかなかった。一つ一つが「壁《かべ》を破《やぶ》る」戦いであった。「邪悪《じゃあく》を打《う》ち破《やぶ》る」戦いであり、「正義《せいぎ》を打ち立てる」戦いであった。「創価の使命と偉力《いりょく》を示《しめ》しきる」戦いであった。

今度は、わが本門の弟子である青年部諸君《しょくん》が、誇《ほこ》り高く立ち上がる時だ。

26-16 師弟《してい》で勝ち越《こ》えた大阪事件《じけん》

創価学会は、かつて日本の政治がイデオロギーの対立に明《あ》け暮《く》れるなか、置《お》き去《ざ》りにされていた大衆《たいしゅう》の声を代弁《だいべん》し、平和と人道《じんどう》の社会を建設《けんせつ》するために、政治の世界に衆望《しゅうぼう》を担《にな》う代表を送り出すようになりました。それは権力《けんりょく》の魔性《ましょう》との熾烈《しれつ》な戦いでもありました。その魔性の刃《やいば》は池田先生に襲《おそ》いかかり、一九五七年七月、先生は全《まった》くの無実《むじつ》の罪《つみ》で二週間、投獄《とうごく》されました。師《し》を護《まも》り、学会と会員を守り抜《ぬ》くために、大難《だいなん》を一身《いっしん》に受けきった歴史を綴《つづ》っています。

『随筆　人間世紀の光』(「7月3日と学会精神」の章、二〇〇六年七月七日)

七月の三日――。それは、昭和二十年(一九四五年)、戸田城聖《じょうせい》先生が、獄死《ごくし》なされた牧口常三郎《つねさぶろう》先生の偉大《いだい》な遺志《いし》を継《つ》がれて、出獄《しゅつごく》した記念の日である。

そして、その十二年後の昭和三十二年(一九五七年)、戸田会長の直弟子《じきでし》である私が入獄《にゅうごく》した日でもある。

「開目抄《かいもくしょう》」には、仰《おお》せである。「国主《こくしゅ》の王難《おうなん》必ず来《きた》るべし」(御書二〇〇ジペー)

厳《きび》しき御聖訓《ごせいくん》の通りに、創価学会の初代、二代、三代の会長は、みな王難《おうなん》を受け切ってきた。

これこそ、日蓮大聖人から、わが学会のみに「立正安国《りっしょうあんこく》の血脈《けつみゃく》」、そして「広宣流布の血脈」が、滔々《とうとう》と流《なが》れ通《かよ》っている厳《げん》たる正義《せいぎ》の刻印《こくいん》といってよいのだ。

◇

昭和三十二年の七月三日、大阪府警《ふけい》から任意出頭《にんいしゅっとう》を求められた私は、激流《げきりゅう》に飛《と》び込《こ》むごとく、自《みずか》ら大阪へ向かった。

北海道からの乗《の》り継《つ》ぎのため、いったん羽田空港《はねだくうこう》に降《お》り立《た》つと、わが師《し》・戸田先生が来てくださっていた。

「もしも、お前が死ぬようなことになったら、私もすぐに駆《か》けつけて、お前の上にうつぶして一緒《いっしょ》に死ぬからな」

先生の目には、涙《なみだ》があった。痩《や》せた私の体《からだ》を、固く抱《だ》いてくださった。先生の体は熱かった。

大阪府警《ふけい》に逮捕《たいほ》されたのは午後七時である。奇《く》しくも十二年前、恩師《おんし》が出獄《しゅつごく》された時と、同日同時刻であった。

――四月に行われた参院大阪地方区の補欠選挙《ほけつせんきょ》で、残念ながら、学会員の一部に選挙違反《いはん》が出た。検察《けんさつ》は、それを、支援《しえん》の最高責任者《せきにんしゃ》の指示《しじ》による組織的犯罪《そしきてきはんざい》だと断定《だんてい》して、私を拘束《こうそく》したのであった。全《まった》く事実無根《じじつむこん》の公職《こうしょく》選挙法違反の容疑《ようぎ》である。

やがて身柄《みがら》は、大阪拘置所《こうちしょ》に移《うつ》された。

常々《つねづね》、戸田先生が言われていた言葉が思い起こされた。

「ひとたび、牢獄《ろうごく》に入った場合、一生、出られないものと覚悟《かくご》して戦え！」

その決心なくして、信念《しんねん》の獄中闘争《ごくちゅうとうそう》はできない。連日連夜、過酷《かこく》な取り調べが続いた。大阪は、三十度前後の蒸《む》し暑《あつ》い日が続いた。私は潔白《けっぱく》である。認《みと》める罪《つみ》など、あろうはずがない。

ところが、担当検事《たんとうけんじ》が陰険《いんけん》な本音《ほんね》を漏《も》らしたのだ。罪《つみ》を認《みと》めなければ、学会本部を手入れし、戸田会長を逮捕《たいほ》する――と。既《すで》に体《からだ》の衰弱《すいじゃく》が著《いちじる》しい先生が、再度《さいど》の入獄《にゅうごく》という事態《じたい》になれば、命にも及《およ》ぶ。やむなく私は、恩師《おんし》をお護《まも》りするために、ひとたびは罪を認め、あとは法廷闘争《ほうていとうそう》で、逆転《ぎゃくてん》勝利を期《き》す道を選択《せんたく》した。そして逮捕から二週間後の七月十七日、私は大阪拘置所《こうちしょ》を出所したのである。

26-17 不屈《ふくつ》の人権闘争《じんけんとうそう》

不当《ふとう》な大阪事件《じけん》にあって、池田先生は、四年半にわたる法廷闘争《ほうていとうそう》を堂々《どうどう》と勝《か》ち越《こ》えました。先生は小説『人間革命』の中で、この不屈《ふくつ》の人権《じんけん》闘争を振《ふ》り返《かえ》り、権力《けんりょく》の魔性《ましょう》と恐《おそ》れず戦い抜《ぬ》く師弟《してい》の精神《せいしん》を記《しる》しています。

池田先生の指針

『人間革命 11』

七月十七日――。大阪拘置所《こうちしょ》の門《もん》の前には、朝早くから、開襟《かいきん》シャツやブラウス姿《すがた》の学会員が、あちこちに見られた。どの顔も、事件《じけん》が、一応《いちおう》、落着《らくちゃく》し、伸一《しんいち》が姿《すがた》を見せることへの期待と、不当《ふとう》な当局に対する憤懣《ふんまん》とが交錯《こうさく》した、複雑《ふくざつ》な表情《ひょうじょう》であった。

川を挟《はさ》んで対岸《たいがん》に立つ、中之島《なかのしま》の大阪市中央公会堂の付近《ふきん》にも、大阪大会（不当逮《ふとうたい》捕《ほ》への抗議集会《こうぎしゅうかい》）は夕刻《ゆうこく》の開会だというのに、学会員の姿《すがた》があちこちに見られた。

正午を十分ほど過《す》ぎたころ、どっと人波《ひとなみ》が揺《ゆ》れた。拘置所《こうちしょ》の出口から、開襟《かいきん》シャツ姿《すがた》の山本伸一《やまもとしんいち》が現《あらわ》れた。歓声《かんせい》があがり、拍手《はくしゅ》が沸《わ》き起《お》こった。

伸一《しんいち》は、にっこり微笑《ほほえ》み、一人ひとりに視線《しせん》を注《そそ》いだ。

「ありがとう。ご心配をおかけしました。私はこのように元気です！」

期《き》せずして、出迎《でむか》えの人垣《ひとがき》から、「万歳！」の声があがった。

声を張《は》り上《あ》げ、力《ちから》いっぱいに両手を振《ふ》り上げる同志《どうし》の目には、陽光《ようこう》に映《は》えた金色《こんじき》の涙《なみだ》が、キラリと光っていた。

伸一《しんいち》は、間《ま》もなく、戸田城聖《じょうせい》が伊丹空港《いたみくうこう》に到着《とうちゃく》することを聞くと、直《ただ》ちに空港に駆《か》けつけていった。

戸田が、伸一《しんいち》の姿《すがた》を認《みと》めて、にっこり笑いかけたとき、伸一は、二週間前よりも、さらに戸田が憔悴《しょうすい》しているのを見て、胸《むね》を突《つ》かれた。

「先生、大変《たいへん》にご心配をおかけしました。申《もう》し訳《わけ》ございません」

「それより、体《からだ》は大丈夫《だいじょうぶ》か」

戸田は、もともと体《からだ》の弱い伸一《しんいち》の体調が、気がかりでならなかったのだ。伸一は、憔悴《しょうすい》した師《し》の深い心遣《こころづか》いに、目頭《めがしら》が熱くなったが、それをこらえて言った。

「はい、大丈夫《だいじょうぶ》です。負けません。先生の出獄《しゅつごく》の日に、私は牢《ろう》に入ったのですから」

戸田は、黙《だま》って頷《うなず》いた。その目に光が走った。

「伸一《しんいち》君、戦いは、これからだよ。御本尊様は、すべてわかっていらっしゃる。勝負は裁判《さいばん》だ。裁判長は、必ずわかるはずだ。裁判長に真実をわかってもらえれば、それでいいじゃないか」

戸田は、伸一《しんいち》の心の一切を知っているかのようであった。

午後六時、(大阪大会の)開会が宣言《せんげん》された。

やがて、外は、にわかに空が暗《くら》くなり、雨が降《ふ》り始《はじ》めたかと思うと、瞬《また》く間《ま》に激《はげ》しい豪雨《ごうう》となり、横なぐりの風が吹《ふ》き荒《あ》れた。稲妻《いなずま》が黒雲《くろくも》を引《ひ》き裂《さ》き、雷鳴《らいめい》が轟《とどろ》いた。激しい雷雨《らいう》にさらされながらも、場外を埋《う》めた人びとは、誰《だれ》一人、立《た》ち去《さ》ろうとはしなかった。

伸一《しんいち》は、胸中《きょうちゅう》に、ふつふつとたぎる大確信《だいかくしん》を、言葉に託《たく》して放《はな》った。「最後は、信心しきったものが、御本尊様を受持《じゅじ》しきったものが、また、正しい仏法が、必ず勝つという信念《しんねん》でやろうではありませんか！」

誰《だれ》もが泣《な》いていた。嗚咽《おえつ》するものもあった。辺《あた》りをはばからず、号泣《ごうきゅう》する人もあった。しかし、それは、もはや悲哀《ひあい》の涙《なみだ》ではなかった。権力《けんりょく》の魔性《ましょう》に挑《いど》まんとする伸一《しんいち》の、気迫《きはく》と確信《かくしん》に共鳴《きょうめい》し、打《う》ち震《ふる》える、生命からほとばしる感涙《かんるい》であった。

（「大阪」の章。抜粋）

◇

〈裁判《さいばん》は四年半の長きにわたり、弁護士《べんごし》が「無罪《むざい》を勝ち取るのは難《むずか》しい」とまで言

う極《きわ》めて困難《こんなん》な法廷闘争《ほうていとうそう》となった〉

審判《しんぱん》の日が来た。昭和三十七年（一九六二年）一月二十五日――最終公判《さいしゅうこうはん》となる第八十四回公判が、午前九時三十分から、大阪地方裁判所《ちほうさいばんしょ》で開かれたのである。誰《だれ》もが固唾《かたず》をのんで、田上雄介《たがみゆうすけ》裁判長の言葉を待った。

「被告人《ひこくにん》・山本伸一《やまもとしんいち》は無罪《むざい》！」

学会の正義《せいぎ》は、伸一《しんいち》の無実は、ここに証明《しょうめい》され、欺瞞《ぎまん》の策謀《さくぼう》に真実が打ち勝ったのだ。

戸田が、広宣流布の道程《どうてい》は、権力《けんりょく》の魔性《ましょう》との熾烈《しれつ》な攻防戦《こうぼうせん》とならざるを得《え》ない、と語っていたことが、思い返された。

牧口常三郎《つねさぶろう》の獄死《ごくし》、戸田城聖《じょうせい》の二年間の獄中生活《ごくちゅうせいかつ》の苦闘《くとう》……。さらに、わずか二週間ではあったが、自身の入獄《にゅうごく》と、この四年半にわたる裁判《さいばん》を思うと、伸一《しんいち》は、権力《けんりょく》の魔性《ましょう》と戦いゆかねばならぬ学会の、避《さ》けがたい宿命《しゅくめい》を、強く、深く実感せざるを得《え》なかった。

この時、山本伸一《やまもとしんいち》の生涯《しょうがい》にわたる人権闘争《じんけんとうそう》への金剛《こんごう》の決意が、胸中《きょうちゅう》に人知《ひとし》れず芽吹《めぶ》いていたのである。

〈検察《けんさつ》の控訴《こうそ》はなく、大阪地裁《おおさかちさい》の判決《はんけつ》が最終の審判《しんぱん》となった〉

（「裁判」の章。抜粋）

26-18 師弟永遠《していえいえん》の「3・16」

一九五八年三月十六日、戸田先生が池田先生に広宣流布の一切の後事《こうじ》を託《たく》した「3・16」の儀式《ぎしき》が行われました。この師弟不二《していふに》の歴史について、綴《つづ》っています。

池田先生の指針

『随筆　新・人間革命』(「『3・16』の大儀式を偲びつつ」の章、一九九八年三月八日)

われは、師弟《してい》の誓《ちか》いを果《は》たしたり。
われは、同志《どうし》の誓《ちか》いを果《は》たしたり。

われは、わが信念《しんねん》の目的《もくてき》を果《は》たしたり。

富士《ふじ》の裾野《すその》に集《つど》いし、あの日から、新しき広宣流布の回転は始まった。

この日は寒かった。秀麗《しゅうれい》なる富士《ふじ》が、堂々と見守っていた。

「3・16」の儀式《ぎしき》は、晴ればれとしていた。

戸田先生が、若《わか》き青年部に、確《たし》かに、広宣流布をバトンタッチすると宣言《せんげん》なされた。

若き弟子たちの心は燃《も》えた。使命は炎《ほのお》と燃え上がった。

昭和三十三年(一九五八年)のあの日、余命幾《よめいいく》ばくもなき、われらの師《し》・戸田城聖《じょうせい》先生のもとに、六千名の若《わか》き弟子が集まった。

皆《みな》、生き生きと、この日を祝《いわ》った。日本中から集《つど》った若《わか》き広宣の健児《けんじ》が、握手《あくしゅ》をしたり、肩《かた》を叩《たた》いたり、談笑《だんしょう》している姿《すがた》は、未来の勝利を勝ち取った喜《よろこ》びの姿に見えた。

この年の三月、一カ月間にわたり、先生のご生涯《しょうがい》の総仕上《そうしあ》げともいうべき、数々の行事が続いていた。

二月末、先生ご到着《とうちゃく》。お体《からだ》の具合《ぐあい》は甚《はなは》だ悪い。何度も医師《いし》を呼《よ》ばねばならぬ状況《じょうきょう》であった。しかし、病篤《やまいあつ》き広布の師《し》の声は、厳然《げんぜん》として鋭《するど》かった。

「大作、絶対《ぜったい》に、私の側《そば》から離《はな》れるな。いいか、四六時中《しろくじちゅう》、離れるな！」

三月一日、先生は、私に言われた。

「大作、あとはお前だ。頼《たの》むぞ！」

それからまもなく、こう提案《ていあん》された。

「三月十六日に、広宣流布の模擬試験《もぎしけん》、予行演習《よこうえんしゅう》ともいうべき、式典をしておこう！」

先生は、再起《さいき》は不能《ふのう》であり、みずからが、ふたたび広宣流布の陣頭指揮《じんとうしき》をとることはできないと、悟《さと》られていた。

御聖訓《ごせいくん》には「命限《いのちかぎ》り有《あ》り惜《おし》む可《べ》からず遂《つい》に願《ねが》う可《べ》きは仏国也《ぶっこくなり》」（御書九五五ジペー）と、仰《おお》せである。「3・16」は、その御遺命《ごゆいめい》のままに生《い》き抜《ぬ》かれた先生の、不惜《ふしゃく》の精神《せいしん》を永遠《えいえん》にとどめ、受《う》け継《つ》ぐ儀式《ぎしき》であった。また、先生から私へ、広宣流布の印綬《いんじゅ》が渡《わた》される二人の式典であり、師弟《してい》の不二《ふに》の儀式であった。

私は、その深い意義《いぎ》を噛《か》み締《し》めつつ、いっさいの責任《せきにん》を担《にな》い、全力《ぜんりょく》で大儀式《だいぎしき》の準備《じゅんび》にあたった。

先生のお体《からだ》は、日ごとに衰弱《すいじゃく》されていったが、「3・16」を迎《むか》えるまでは、私に、そして青年に、後事《こうじ》を完璧《かんぺき》に託《たく》すまではと、必死に、死魔《しま》と闘《たたか》われた。

私は、つねにお側《そば》に随《したが》い、師《し》にお仕《つか》えした。先生は、幾度《いくたび》となく、私を呼《よ》ばれては、重要な広布の未来図を語ってくださった。

先生の一言一言は、すべて、私への遺言《ゆいごん》となった。全部が、後継《こうけい》の大儀式《だいぎしき》の〝序《じょ》分《ぶん》〟となった。

先生は、まだ儀式《ぎしき》の日程《にってい》も決まらぬうちから、青年をどうやって励《はげ》まそうかと、次々に手を打たれていた。早朝、到着《とうちゃく》することになる青年たちのために、豚汁《とんじる》を振《ふ》る舞《ま》う用意もされた。

「私が断固《だんこ》として指揮《しき》をとるからな」

戸田先生は、こう言われたが、お体《からだ》の衰弱《すいじゃく》は極限《きょくげん》に達《たっ》していた。すでに、歩くことも困難《こんなん》になっていた。

私は、先生をお乗せするために、信頼《しんらい》する青年に指示《しじ》して、車駕《しゃが》を作った。先生は、「大きすぎて、実戦に向かぬ！」と叱責《しっせき》された。最後の最後まで、命をふりしぼっての、愛弟子《まなでし》への訓練であった。そのありがたさに、私は心で泣《な》いた。

弟子の真心に応《こた》え、先生は車駕《しゃが》にお乗りくださり、悠然《ゆうぜん》と、指揮《しき》をとられた。車駕を担《かつ》いだ青年たちの顔には、喜《よろこ》びがあふれ、額《ひたい》には、黄金の汗《あせ》が光っていた。

晴れの式典の席上、戸田先生は宣言《せんげん》された。

「創価学会は、宗教界の王者である！」

この師子吼《ししく》を、私は生命に刻《きざ》んだ。否《いな》、断《だん》じて〝王者〟たらねばならぬと、深く、深く心に誓《ちか》った。「宗教界の王者」とは、思想界、哲学界《てつがくかい》の王者という意義《いぎ》である。

「3・16」の大儀式《だいぎしき》は、「霊山一会儼然未散《りょうぜんいちえげんねんみさん》」（霊山一会儼然《げんぜん》として未《いま》だ散《ち》らず）の姿《すがた》さながらに、われらには思えた。

大儀式《だいぎしき》が終わってまもないある日、宗門《しゅうもん》の腐敗《ふはい》の兆候《ちょうこう》を感じとられた先生は、厳《げん》として言われた。

「追撃《ついげき》の手を緩《ゆる》めるな!」

先生は、必ず宗門《しゅうもん》が「濁流《だくりゅう》」となりゆくことを、明《あき》らかに予見《よけん》しておられた。この言葉は、恩師《おんし》の遺言《ゆいごん》となった。

「3・16」とは、弟子が立ち上がる、永遠《えいえん》の「本因《ほんいん》の原点」の日だ。私にとっては、毎日が新しき決意の出発であり、毎日が「3・16」であった。

26-19 我《われ》は立つ！　我は勝つ！

戸田先生の後《あと》を受け、師《し》から託《たく》された世界広宣流布へ、一人、厳然《げんぜん》と立ち上がった厳粛《げんしゅく》な思いを綴《つづ》っています。

池田先生の指針

『随筆　人間世紀の光』（「桜花の『4・2』に恩師を想う」の章、二〇〇七年四月一日、五日、六日）

それは、昭和三十三年（一九五八年）の三月十六日、富士《ふじ》の裾野《すその》で、盛大《せいだい》な儀式《ぎしき》を終《お》えた夜であった。

戸田先生から私は、「学会本部の方が大事だ。大作は、私より一足早《ひとあしはや》く東京に帰って、本部に行ってくれ給《たま》え」との、ご指示《しじ》を受けて帰京した。

山積《さんせき》していた仕事を整理して、電光石火《でんこうせっか》で再《ふたた》び本山へ舞《ま》い戻《もど》ると、衰弱《すいじゃく》を増《ま》しておられた先生は、お顔に深い安堵《あんど》の微笑《ほほえ》みを浮《う》かべられた。

それからの一日また一日、布団《ふとん》に横たわられた先生は、幾《いく》たびとなく、私を呼《よ》ばれた。夜は、いつも必ず、私は、戸田先生の下座《しもざ》の方《ほう》に布団を敷《し》き、そこで寝《ね》るように命《めい》ぜられた。

「今日《きょう》は、何《なん》の本を読んだか」と尋《たず》ねられたこともある。

先生は「私は『十八史略《じゅうはっしりゃく》』を読んだよ」と言われながら、漢《かん》の劉邦《りゅうほう》が天下を取った時、「第一の功臣《こうしん》」と賞讃《しょうさん》した、蕭何《しょうか》の話をしてくださった。この蕭何は、食糧《しょくりょう》や武《ぶ》器《き》の確保《かくほ》などに努《つと》め、最前線が力《ちから》の限《かぎ》り戦えるように、手を打ち続けた人物である。

そうした陰《かげ》の功労者を、学会は最大《さいだい》に大事に護《まも》り、感謝《かんしゃ》し、真心から讃《たた》えていくのだ。

そうすれば、永遠《えいえん》に栄《さか》えていける。この重大な将軍学《しょうぐんがく》を、先生は繰《く》り返《かえ》し教えてくださったのである。

「大作、昨日《きのう》はメキシコへ行った夢《ゆめ》を見たよ」と言われた朝もあった。

「此《こ》の一念《いちねん》の心《こころ》・法界《ほうかい》に偏満《へんまん》する」（御書三八三ジペー）とは、「一生成仏抄《いっしょうじょうぶつしょう》」の一節である。

先生の心は、壮大《そうだい》な地球を駆《か》けめぐり、日本から一番、離《はな》れたラテンアメリカにまで思いを馳《は》せておられたのだ。

「待っていた、みんな待っていたよ……。大作の本当の舞台《ぶたい》は、世界だよ」

先生は布団《ふとん》から手を出して、私の手を握《にぎ》られながら、「一閻浮提広宣流布《いちえんぶだいこうせんるふ》」への遠《えん》大《だい》な平和旅を託《たく》されたのである。

◇

先生は、逝去《せいきょ》の約一週間前、居合《いあ》わせた青年たちに語られた。

「戸田亡《な》き後《あと》は、第三代会長になられる方が、広宣流布のすべての指揮《しき》を執《と》り、世界広布の理念と方法のレールをちゃんと敷《し》いてくださる。四代から先は公平な方であれば、誰《だれ》が会長になっても困《こま》らぬように、第三代が仕上《しあ》げてくれます。第三代の教え通りに実行していけば、世界の広宣流布は必ず必ず実現できるのです」

その場にいた幾人《いくにん》かの友が、咄嗟《とっさ》に大事なお話と思って、メモに書《か》き留《と》めた遺言《ゆいごん》である。

一切は弟子で決まる。

御聖訓《ごせいくん》には厳然《げんぜん》と仰《おお》せだ。

「よき弟子《でし》をもつときんば師弟《してい》・仏果《ぶっか》にいたり・あしき弟子をたくはひぬれば師弟・地獄《じごく》にをつといへり、師弟相違《そうい》せばなに事《ごと》も成《なす》べからず」（御書九〇〇ジペー）

昭和三十三年の三月三十日、私は東京に行き、ご家族と相談して入院の手配を万端《ばんたん》整《ととの》え、翌日《よくじつ》、師《し》のおられる総本山《そうほんざん》へ戻《もど》った。

四月一日の午前二時過《す》ぎ、先生は、布団《ふとん》に身を横《よこ》たえたまま、車で理境坊《りきょうぼう》の宿舎《しゅくしゃ》を出発された。私は、一睡《いっすい》もせず、お供《とも》をした。沼津駅《ぬまづえき》を午前四時二十分発の急行に乗り、午前七時前、東京駅に到着《とうちゃく》した。そして、そのまま駿河台《するがだい》の日大病院に入院されたのである。私は、最善《さいぜん》の治療《ちりょう》をお願いして、朝九時過《す》ぎ、病院を後にした。

翌《よく》四月二日。東京は、曇《くも》り空《ぞら》で肌寒《はださむ》かった。

私は、心急《こころせ》く思いで、朝、青年部の緊急《きんきゅう》の幹部会議《かんぶかいぎ》を招集《しょうしゅう》した。席上、先生のご回《かい》復《ふく》を祈《いの》って、明朝《みょうちょう》から一週間、代表が学会本部で勤行を行《おこな》うことを提案《ていあん》したのである。先生のため、命を投げ出しても、今、できることは何《なん》でもさせていただきたい。平癒《へいゆ》を祈った。ただただ祈った。

朝方《あさがた》は先生のご容体《ようだい》が落ち着かれていたと聞き、私たち弟子は歓喜《かんき》した。いよいよ祈《いの》りを強くしていったことを、今でも鮮明《せんめい》に覚《おぼ》えている。

夕方の五時には、学会本部に、理事室、青年部の首脳《しゅのう》が集まり、翌日《よくじつ》に予定されていた本部幹部会《ほんぶかんぶかい》、四日後の教学部の任用試験《にんようしけん》などの協議を始めていた。皆《みな》、先生のご回復《かいふく》を確信《かくしん》しながら……。

打ち合わせが、ほぼ終了《しゅうりょう》した頃《ころ》、本部の管理者がドアを叩《たた》いた。病院のご家族から、私あての電話であった。

管理者室に走って受話器を取ると、驚《おどろ》く悲報《ひほう》が入った。

「ただ今、父が亡《な》くなりました」——

この一瞬《いっしゅん》の衝撃《しょうげき》は、今なお筆舌《ひつぜつ》に尽《つ》くせぬ。わが内奥《ないおう》に、永遠《えいえん》に留《とど》めるほかはない。

わが師匠《ししょう》・戸田城聖《じょうせい》先生は、午後六時三十分、急性心衰弱《きゅうせいしんすいじゃく》のため、崇高《すうこう》なる「方便《ほうべん》現涅槃《げんねはん》」のお姿《すがた》を示《しめ》されたのである。

前日、病院までお供《とも》をするなかで拝見《はいけん》した、安心されきった師《し》の温顔《おんがん》……。それが、今生《こんじょう》のお別れとなってしまった。

私は、万感《ばんかん》の思いで、皆《みな》にその速報《そくほう》を伝えた。すぐに、重大会議《じゅうだいかいぎ》となった。そして、急ぎ病院に飛んだ。

その夜、私は、日記に記《しる》した。

「嗚呼《ああ》、四月二日。四月二日は、学会にとって、私の生涯《しょうがい》にとって、弟子一同にとって、永遠《えいえん》の歴史の日になった」

「妙法の大英雄《だいえいゆう》、広布の偉人《いじん》たる先生の人生は、これで幕《まく》となる……」

だが、仏法は深い。仏法の法則《ほうそく》は正しい。亡《な》き先生は、未来永遠《えいえん》に、わが胸奥《きょうおう》の「九識心王真如の都《くしきしんのうしんにょのみやこ》」に生きておられるのだ。戦う弟子を叱咤《しった》し、励《はげ》まし続けてくださるのだ。広宣流布へ、ただただ広宣流布へ——。

不惜身命《ふしゃくしんみょう》の師《し》であった。

死身弘法《ししんぐほう》の師《し》であった。

勇猛精進《ゆうみょうしょうじん》の師《し》であった。

師子奮迅《ししふんじん》の師《し》であった。

忍難弘通《にんなんぐつう》の師《し》であった。

破邪顕正《はじゃけんせい》の師《し》であった。

その常勝《じょうしょう》の闘魂《とうこん》を、師《し》は真実の弟子に遺《のこ》された。

ゆえに一瞬《いっしゅん》たりとも、学会の前進を止めるわけにはいかなかった。私は、新たな旭日《きょくじつ》が昇《のぼ》りゆくが如《ごと》く誓《ちか》った。

——増上慢《ぞうじょうまん》な弟子はやがて去《さ》っていくだろう。狡賢《ずるがしこ》い邪知《じゃち》の弟子は、学会の悪口《あっこう》を言い始めるであろう。恐《おそ》ろしいのは人の心だ。恐ろしいのは師《し》の恩《おん》を忘《わす》れることだ。

今こそ、広宣流布の決戦の第二幕を、常勝《じょうしょう》の金《きん》の幕《まく》を開くのだ!

我《われ》は立つ! 我は勝つ!

26-20 第三代会長就任《しゅうにん》

戸田先生が逝去《せいきょ》されて二年後、池田先生は第三代会長に推戴《すいたい》されました。その就任《しゅうにん》の日から、十年の節目ごとに大難《だいなん》を打《う》ち破《やぶ》り、世界宗教への道を開いてきた真情《しんじょう》を綴《つづ》っています。

池田先生の指針

『随筆　人間世紀の光』（「栄光燦たる五月三日よ」の章、二〇〇四年五月二日）

三十二歳の私が第三代会長に就任《しゅうにん》したのは、昭和三十五年（一九六〇年）の五月三日であった。

晴れわたる記念のこの日、私は、二万人が集う日大講堂《にちだいこうどう》の壇上《だんじょう》で青年らしく叫《さけ》んだ。

「若輩《じゃくはい》ではございますが、本日より、戸田門下生を代表して、化儀《けぎ》の広宣流布を目指し、一歩前進への指揮《しき》を執《と》らせていただきます！」

明るく力強《ちからづよ》い万雷《ばんらい》の拍手《はくしゅ》が、私を包《つつ》んでくれた。そして、折伏《しゃくぶく》の大将軍《だいしょうぐん》であった戸田先生の弟子として、師《し》が遺言《ゆいごん》された三百万世帯の実現を誓《ちか》ったのである。

戸田先生は、生前、さらに私に言われた。

「一千万人が信心する時代がきたら、すごいことになるぞ。楽しみだな……」

その一千万という盤石《ばんじゃく》な平和と人道の民衆《みんしゅう》連帯を、この日本に築《きず》くことを、私は生《しょう》涯《がい》の誓《ちか》いとしたのだ。

日蓮大聖人は、「大願《だいがん》とは法華弘通《ほっけぐつう》なり」（御書七三六ジペー）と仰《おお》せである。

ともあれ、五月三日は、我《われ》らの「広宣流布の誓願《せいがん》」の日と決まったのである。この日は、巡《めぐ》り来《く》るたびに、創価の師弟《してい》が、広宣流布を誓《ちか》う日となり、正義《せいぎ》の戦闘《せんとう》開始の日となってきたのだ。それは永遠《えいえん》に！

「開目抄《かいもくしょう》」の一節は、会長就任《しゅうにん》の時の私の決意であり、以来、片時《かたとき》も、わが胸《むね》を離《はな》れたことはない。

「詮《せん》ずるところは天《てん》もすて給《たま》え諸難《しょなん》にもあえ身命《しんみょう》を期《ご》とせん」（御書二三二ジペー）

私は、いかなる大難《だいなん》にも断《だん》じて負けぬ魂《たましい》を、わが師《し》である戸田会長から鍛《きた》えられたという誇《ほこ》りを持っていた。

◇

大偉業《だいいぎょう》を成《な》しゆくには、平坦《へいたん》な道など、どこにもない。

「諦《あきら》め」の中には、「敗北」があり、「暗闇《くらやみ》」がある。

「忍耐《にんたい》」の中には、「希望《きぼう》」があり、「勝利」がある。

見渡《みわた》せば、峨々《がが》として連《つら》なる、峻険《しゅんけん》な尾根《おね》を登攀《とうはん》しゆく宿命《しゅくめい》の歳月《さいげつ》であった。

第一の険《けわ》しき尾根《おね》は、あの昭和四十五年（一九七〇年）である。この会長就任《しゅうにん》十周年の五月三日は、日本国中からの集中攻撃《しゅうちゅうこうげき》を受けた「言論問題《げんろん》」の渦中《かちゅう》にあった。

次の十年も、山に山を重《かさ》ねる艱難《かんなん》の連続の日々であった。第一次宗門事件《しゅうもんじけん》の嵐《あらし》のなか、昭和五十四年（一九七九年）五月三日を前に、私は会長を辞任《じにん》した。翌《よく》昭和五十五年も、私と学会への攻撃《こうげき》また攻撃が繰《く》り返《かえ》されていた時であった。陰《いん》険極《けんきわ》まりなき悪侶《あくりょ》と結託《けったく》した恩知《おんし》らずの反逆者《はんぎゃくしゃ》らが、釈尊《しゃくそん》を攻撃し、殺害しようとした提婆達多《だいばだった》の如《ごと》き正体を露《あらわ》にしたのだ。

その激戦《げきせん》のさなか、私は、常勝《じょうしょう》の都《みやこ》・関西の天地に走った。そして五月の三日、ここを本陣《ほんじん》として、泥棒《どろぼう》の如《ごと》き邪悪《じゃあく》を打《う》ち破《やぶ》る壮絶《そうぜつ》なる決意を固めて、勝利のための戦《せん》闘《とう》を開始したのである。

ともあれ、このような大攻撃《だいこうげき》を受け、戦い抜《ぬ》いたがゆえに、わが創価学会は清浄《せいじょう》なる正義《せいぎ》と団結《だんけつ》の大教団《だいきょうだん》として、日本一の基盤《きばん》を作り上げることができたのである。

さらに、日顕一派《にっけんいっぱ》が広布破壊《はかい》の魔性《ましょう》を現《あらわ》した、第二次宗門事件《しゅうもんじけん》が惹起《じゃっき》したのは、私の会長就任《しゅうにん》三十周年（一九九〇年）の時であった。邪宗門《じゃしゅうもん》が暗《くら》き密室《みっしつ》で、正義《せいぎ》の学会の破壊《はかい》を謀議《ぼうぎ》していた時、わが学会は広々《ひろびろ》と世界を呼吸《こきゅう》し、人類の幸福のために、悠《ゆう》然《ぜん》とスクラムを組みながら、平和への大行進を拡大《かくだい》していたのである。

世界の識者《しきしゃ》と私との対話も、急速に広がっていった。ゴルバチョフ氏（元ソ連大統領）や南アフリカ共和国のマンデラ氏（前大統領）と、初めてお会いしたのも、この年であった。

このように、会長就任《しゅうにん》から、ほぼ十年ごとに、大きな苦難《くなん》の節目があった。

しかし、そのつど、学会は最高峰《さいこうほう》の「文化の団体《だんたい》」、唯一《ゆいいつ》の「正法正義《しょうほうしょうぎ》の教団《きょうだん》」、そして「世界の宗教」として飛躍《ひやく》した。艱難《かんなん》の山を乗《の》り越《こ》え、勝《か》ち越《こ》え、連戦連勝の王者の教団《きょうだん》となったのだ！

◇

私が第三代会長となった、あの一九六〇年の五月三日、同じ日大講堂《にちだいこうどう》での祝賀会《しゅくがかい》が終わり、私が退場《たいじょう》しようとした時であった。

「それっ、胴上《どうあ》げだ！」

誰《だれ》かの声が聞こえたと思った瞬間《しゅんかん》、青年たちが、「ワーッ」と大歓声《だいかんせい》を上げて、私に向かって突進《とっしん》してきた。そして、あっという間《ま》に、私の体《からだ》は無数《むすう》の手に押《お》されて、宙《ちゅう》に舞《ま》いに舞っていた。

「万歳！　万歳！　……」

その歓喜《かんき》の渦《うず》、そして歓喜の力《ちから》、さらに歓喜の呼吸《こきゅう》は、一生涯《いっしょうがい》、忘《わす》れることはできないであろう。

共戦の同志《どうし》なくして、広宣流布は絶対《ぜったい》にできない。大事なのは、自分でなくして、同志なのである。

戸田先生は、「三代会長を支《ささ》えていくならば、絶対《ぜったい》に広宣流布はできる！」と、何度も教えられた。

その通りであった。戸田先生が遺言《ゆいごん》された通りに、第三代の私と尊《とうと》きわが同志《どうし》が、「異体同心《いたいどうしん》」で戦ってきたからこそ、世界への広宣流布はできたのだ！

26-21 小説『人間革命』の執筆《しっぴつ》

かつて池田先生は小説『人間革命』について、〝戸田先生の生涯《しょうがい》を小説の形で書いたのは意味がある。私の胸《むね》に刻《きざ》まれ、私の生命に生き続けている戸田先生の姿《すがた》を、そのまま写《うつ》したのだ〟と語りました。その師弟《してい》のペンの闘争《とうそう》への思いを、小説『新・人間革命』に綴《つづ》っています。

『新・人間革命9』(「衆望」の章)

池田先生の指針

伸一《しんいち》が、戸田の生涯《しょうがい》を書《か》き残《のこ》そうとの発想をもったのは、十九歳の時であり、入会して三カ月が過《す》ぎたころであった（一九四七年）。

軍部政府《ぐんぶせいふ》の弾圧《だんあつ》と戦い、投獄《とうごく》されても、なお信念《しんねん》を貫《つらぬ》き、人民の救済《きゅうさい》に立ち上がった戸田城聖《じょうせい》という、傑出《けっしゅつ》した指導者《しどうしゃ》を知った仲一《しんいち》の感動は、あまりにも大きかった。

仲一は、〝わが生涯《しょうがい》の師《し》と定《さだ》めた戸田先生のことを、広く社会に、後世《こうせい》に、伝《つた》え抜《ぬ》いていかなくてはならない〟と、深く深く決意していた。その時の、炎《ほのお》のごとき思いは、生命の限《かぎ》りを尽《つ》くして、師弟《してい》の尊《とうと》き共戦の歴史を織《お》り成《な》していくなかで、不動《ふどう》の誓《ちか》いとなっていくのである。

昭和二十六年（一九五一年）の春であった。彼は、戸田が妙悟空《みょうごくう》のペンネームで、聖教新聞に連載《れんさい》することになった、小説『人間革命』の原稿《げんこう》を見せられた時、〝いつの日か、この続編《ぞくへん》ともいうべき戸田先生の伝記を、私が書かねばならない〟と直感《ちょっかん》したのであった。

さらに、三年余《あま》りが過《す》ぎた昭和二十九年の夏、戸田と一緒《いっしょ》に、師《し》の故郷《ふるさと》の北海道・厚田村《あつたむら》を訪《たず》ねた折《おり》のことである。仲一《しんいち》は、厚田港の防波堤《ぼうはてい》に立って、断崖《だんがい》が屏風《びょうぶ》のごとく迫《せま》る、厚田の浜辺《はまべ》を見ながら、戸田の人生の旅立ちをうたった、「厚田村」と題する詩をつくった。その時、自分が〝戸田先生の伝記を、必ず書き残《か》《のこ》すのだ〟と、改《あらた》めて心に誓《ちか》ったのである。

それから三年後の八月、伸一《しんいち》は、戸田とともに、軽井沢《かるいざわ》で思い出のひとときを過《す》ごした。師《し》の逝去《せいきょ》の八カ月前のことである。そこで、単行本として発刊《はっかん》されて間《ま》もない、戸田の小説『人間革命』が話題になった。

戸田は、照《て》れたように笑いを浮《う》かべて言った。

「牧口先生のことは書けても、自分のことを一から十まで書き表すことなど、恥《は》ずかしさが先にたってできないということだよ」

その師《し》の言葉は、深く、強く、伸一《しんいち》の胸《むね》に突《つ》き刺《さ》さった。

戸田の『人間革命』は、彼の分身《ぶんしん》ともいうべき主人公の〝巌《がん》さん〟が、獄中《ごくちゅう》にあって、広宣流布のために生涯《しょうがい》を捧《ささ》げようと決意するところで終わっている。それからあとの実践《じっせん》については、戸田は、何も書こうとはしなかった。

伸一《しんいち》は、この軽井沢《かるいざわ》での語らいのなかで、広宣流布に一人立った、その後の戸田の歩《あゆ》みを、続『人間革命』として書きつづることこそ、師《し》の期待であると確信《かくしん》したのである。

そして、昭和三十九年（一九六四年）四月の、戸田の七回忌法要《かいきほうよう》の席で、いよいよ小説『人間革命』の執筆《しっぴつ》を開始することを、深い決意をもって発表したのである。法悟空《ほうごくう》のペンネームで、伸一《しんいち》がつづる、この『人間革命』は、聖教新聞からの強い要請《ようせい》もあって、明四十年の元日付から、聖教紙上に連載《れんさい》されることになった。

伸一《しんいち》は、その最初の原稿《げんこう》を、どこで書き始めようかと考えた。

――『人間革命』は、戸田を中心とした、創価学会の広宣流布の歩《あゆ》みをつづる小説となるが、それは、最《もっと》も根源的《こんげんてき》な、人類の幸福と平和を建設《けんせつ》しゆく物語である。

そして、そのテーマは、一人の人間における偉大《いだい》な人間革命は、やがて一国の宿命《しゅくめい》の転換《てんかん》をも成《な》し遂《と》げ、さらに全人類の宿命の転換をも可能《かのう》にする――ことである。

ならば、最《もっと》も戦争の辛酸《しんさん》をなめ、人びとが苦悩《くのう》してきた天地で、その『人間革命』

の最初の原稿《げんこう》を書こうと決め、伸一《しんいち》は、沖縄の地を選んだのである。

沖縄は、あの大戦では、日本本土《ほんど》の「捨《す》て石《いし》」とされ、激《はげ》しい地上戦が行われ、住民の約四分の一が死んだ悲劇《ひげき》の島である。さらに、戦後も、アメリカの施政権下《しせいけんか》に置かれ、基地《きち》の島となってきた。これもまた、かたちを変えた、本土の「捨て石」であったといってよい。

その沖縄から、幸福と平和の波を広げようと、伸一《しんいち》は、『人間革命』の執筆《しっぴつ》を開始したのである。

26-22 弟子の戦いが師《し》の偉大《いだい》さを宣揚《せんよう》する

小説『人間革命』に続いて、『新・人間革命』を執筆《しっぴつ》していった真情《しんじょう》を綴《つづ》っています。

池田先生の指針

『随筆　我らの勝利の大道』(「『人間革命』と我が人生」の章、二〇一〇年九月二十日、二十一日)

(小説『人間革命』の)連載《れんさい》を開始したのは、聖教新聞の昭和四十年(一九六五年)の新年号からであった。

当初の構想《こうそう》では、昭和二十年の七月三日、戸田先生が出獄《しゅつごく》されてからのご生涯《しょうがい》を描《えが》くことで、伝記小説としての使命は果《は》たせると考えていた。

しかし、ご生前の足跡《そくせき》を辿《たど》るだけでは、恩師《おんし》の本当の偉業《いぎょう》は表現《ひょうげん》しきれない。歴史の常《つね》として、人間の真《しん》の偉大《いだい》さや、思想・哲学《てつがく》の真価《しんか》は、しばしば同時代には正当に評価《ひょうか》されず、後世《こうせい》においてこそ、明らかになるものだからである。

まして、戸田先生が生涯《しょうがい》を捧《ささ》げられた広宣流布は、一代限《いちだいかぎ》りで完結《かんけつ》するものでは決してない。師《し》から弟子へと脈々《みゃくみゃく》と継承《けいしょう》していく戦いである。つまり、後に残《のこ》った弟子がいかに戦い、何を成《な》し遂《と》げたかによって、その一切は決まるのだ。

弟子が師匠《ししょう》の誓願《せいがん》を受《う》け継《つ》ぎ、その構想《こうそう》を実現する。広宣流布を事実のうえで伸展《しんてん》させる――この師弟不二《していふに》という、まことの後継《こうけい》の弟子の戦いを書き記《しる》さなければ、戸田先生、さらには牧口先生の本当の偉大《いだい》さを宣揚《せんよう》することはできない。

こう結論《けつろん》した私は、小説『人間革命』第十二巻で、戸田先生のご逝去《せいきょ》までを綴《つづ》ったあと、引き続いて『新・人間革命』の執筆《しっぴつ》を開始したのである。

この『新・人間革命』を通して、真実の師弟《してい》の道を示《しめ》し、人類の幸福と平和のために、広宣流布の流れを永遠《えいえん》ならしめたい。そして、その原動力《げんどうりょく》たる創価学会を恒久化《こうきゅうか》する方程式《ほうていしき》を明確《めいかく》に残《のこ》さんと、私はペンを執《と》り続けている。

26-23 師《し》の構想《こうそう》を全《すべ》て実現

第三代会長として、師《し》が示《しめ》し残《のこ》した構想《こうそう》を実現することのみを使命として戦ってきたと語っています。

池田先生の指針

「創立五十七周年記念勤行会」（一九八七年十一月十八日、東京）

戸田先生ほど偉大《いだい》なる人間指導者《しどうしゃ》を私は知らない。世界中、いずこにあっても胸《むね》を張《は》って、そのことを断言《だんげん》してきた。

これまで有名な世界的指導者《しどうしゃ》とも幾度《いくど》となく会った。歴史に残るであろう人物とも、何人も語りあった。しかし、戸田先生は他には見られない偉大《いだい》な指導者であられた。その事実は、私がいちばんよく知っている。

そして戸田先生を人生の師《し》とし、師弟《してい》の道を貫《つらぬ》いてきたことこそ、私の最大《さいだい》の誇《ほこ》りである。

私には戸田先生しかない。それが私の一切である。戸田先生の「心」をこの世《よ》で実現していく、それのみが私の使命であり、栄誉《えいよ》であると思っている。それ以外《いがい》の私自身のことや一家一族のことなど、まったく眼中《がんちゅう》にはない。

牧口先生はかつて、こう言われた。「現在、栄《さか》えていればこそ、先人が偉大《いだい》になるのであり、今が栄えなければ、先人の偉大さも光彩《こうさい》がなくなるのである」と。まさに至言《しげん》である。

私も牧口先生、戸田先生の偉大《いだい》さを証明《しょうめい》するために、その構想《こうそう》をなんとしても実現しようとの一念で走り、戦ってきた。

第三代の私が学会を栄《さか》えさせなければ、先人への報恩《ほうおん》はできない。師《し》の偉大《いだい》さを宣《せん》揚《よう》できない。ゆえに、休みなく働いた。すべての道を拓《ひら》きに拓いてきたつもりである。

私は公明党もつくった。民主音楽協会、二つの富士美術館、東洋哲学研究所、そして創価大学、創価学園も創立《そうりつ》した。それもすべて戸田先生が折々にもらされ、また思《し》索《さく》されていたお心を受けて、実現したものである。

これらの事業は、私の功績《こうせき》のように見えるかもしれないが、じつはすべて戸田先生の、そして牧口先生の偉大《いだい》さを証明《しょうめい》し、輝《かがや》かせるものなのである。

26-24
「創価の師弟《してい》の物語」は永遠《えいえん》

池田先生が貫《つらぬ》いてこられた師弟不二《していふに》の大道に、後継《こうけい》の弟子が陸続《りくぞく》と続いていく限《かぎ》り、「創価の師弟の物語」は二十一世紀の世界を希望《きぼう》で照《て》らし続けていくと綴《つづ》っています。

池田先生の指針

十九歳　我《われ》は立ちたり　創価にて
広宣流布と　師弟不二《していふに》とに

『随筆　師弟の光』(「まえがき」の章)

今も私は、常《つね》に師《し》と対話している。一人の青年として、心の中の先生の前に立つ。広宣流布は、先生と私の悲願《ひがん》であり、師弟《してい》のロマンである。先生の雄姿《ゆうし》を思《おも》い浮《う》かべ、「このように勝ちました」と報告し、「まだまだ、やりますから！」と決意申し上げる。「師匠《ししょう》のために」と思えば、勇気百倍、無限《むげん》の力《ちから》がわいてくる。この無上《むじょう》の人生を与《あた》えられたことに、報恩感謝《ほうおんかんしゃ》は尽《つ》きない。

妙法は不老不死《ふろうふし》であり、わが師弟《してい》の誓《ちか》いも不老不死である。だから幾《いく》十星霜《せいそう》を重《かさ》ねようが、常《つね》に若々《わかわか》しく生《い》き抜《ぬ》いていける。

「牧口先生を知っているということが、今に最高の誇《ほこ》りになるんだよ」

戸田先生は、よく後輩《こうはい》の門下生に教えておられた。

そして戦時中の投獄《とうごく》をはじめ、牧口先生の難《なん》に四度《たび》お供《とも》したこと（投獄前《とうごくまえ》の三度の難は、権力《けんりょく》の横暴《おうぼう》により西町《にしまち》・三笠《みかさ》・白金《しろかね》小学校の校長職《こうちょうしょく》を左遷《させん》されたこと）を、最大《さいだい》の誉《ほま》れとされた。血涙《けつるい》を流しながら、「牧口先生を世界に認《みと》めさせるのだ！」と、獄死《ごくし》した師《し》の仇討《あだう》ちを師子吼《ししく》されるのが常《つね》であった。

知遇《ちぐう》を得《え》ただけではない。師匠《ししょう》が一番苦境《くきょう》の時に、師を支《ささ》え抜《ぬ》き、師と共に戦う。さらに進んで、師の偉大《いだい》さを満天下に宣揚《せんよう》する――弟子として、これほどの名誉《めいよ》はない。

苦難《くなん》は真実の試金石《しきんせき》である。戸田先生の事業が窮地《きゅうち》に陥《おちい》った時、唾《つば》を吐《は》きながら逃《に》げた忘恩《ぼうおん》の弟子がいた。弟子の格好《かっこう》をしながら、陰《かげ》で悪口《あっこう》する者もいた。愚劣《ぐれつ》な狼狽《ろうばい》を冷厳《れいげん》に見つめながら、私は自《みずか》ら決めた「師弟不二《していふに》」という光の道を貫《つらぬ》き通していった。

ある日、ある時、会心《かいしん》の笑《え》みを浮《う》かべて、先生がおっしゃった。「大作が一番弟子だよ。よき弟子をもった私は幸せだ」――いつまでも、いつまでも、その師《し》の笑顔《えがお》は、弟子の胸《むね》から消えない。

文豪《ぶんごう》ゲーテは語った。「有能《ゆうのう》な大家《たいか》はすぐれた弟子を呼《よ》びさまし、弟子たちの活動は、さらに枝葉《しよう》を無限《むげん》に伸《の》ばしてゆく」（「芸術論」芦津丈夫訳、『ゲーテ全集 13』所収、

潮出版社）

偉大《いだい》なる師匠《ししょう》の大樹《たいじゅ》を限《かぎ》りなく広げ、伸《の》ばしていくのは、名誉《めいよ》ある弟子の戦いである。

古今東西の歴史と文学をひもとけば、実《じつ》にさまざまな「物語」に出あう。艱難《かんなん》に打ち勝つ英雄《えいゆう》の物語があり、乙女《おとめ》が人びとを救う物語もある。

そのなかで、法華経は、壮大《そうだい》なる「師弟《してい》の勝利の物語」であるといえないだろうか。ことに「本門《ほんもん》」は、久遠《くおん》の師《し》・釈尊《しゃくそん》の弟子である地涌《じゆ》の菩薩《ぼさつ》が、末法《まっぽう》の広宣流布を誓《ちか》う物語である。文底《もんてい》で拝《はい》すれば、上首上行《じょうしゅじょうぎょう》の再誕《さいたん》であり、根源《こんげん》の師である末法の御本《ごほん》仏《ぶつ》・日蓮大聖人の御遺命《ごゆいめい》を受《う》け継《つ》ぎ、世界広宣流布を遂行《すいこう》する地涌の弟子の物語となろう。

ありとあらゆる迫害《はくがい》をはね返し、世界百九十二カ国・地域《ちいき》への広宣流布によって、この「師弟《してい》の勝利の物語」を現実のものにしたのが、仏意仏勅《ぶついぶっちょく》の創価学会である。

大聖人は、池上宗仲《いけがみむねなか》・宗長《むねなが》の兄弟が、父親の勘当《かんどう》を忍耐《にんたい》しながら、法華経の信仰《しんこう》を貫《つらぬ》いてゆく、その最高の親孝行《おやこうこう》の人生を賞讃《しょうさん》されながら言われた。

「未来《みらい》までの・ものがたり《物語》なに事《ごと》か・これにすぎ候《そうろう》べき」（御書一〇八六ジページ）

私は、戸田先生の弟子として、三世に薫《かお》る「広布の物語」、永遠不滅《えいえんふめつ》の「師弟《してい》の物語」を歴史に残すことができた。

この物語に終わりはない。わが弟子たちが新たな勝利と栄光の物語を重《かさ》ねながら、後《あと》に続く限《かぎ》り、世界へ、未来へと、燦然《さんぜん》たる輝《かがや》きを増《ま》してくれるからである。

創価の師弟《してい》の物語――ここにこそ、二十一世紀の世界を照《て》らし、人類の明日を照らす、正義《せいぎ》と希望《きぼう》の光があるのだ。

池田大作先生の指導選集

幸福と平和を創る智慧　第三部［中］

二〇一七年十一月十八日　発行

編　者　池田大作先生指導選集編集委員会
発行者　松岡　資
発行所　聖教新聞社
〒一六〇―八〇七〇　東京都新宿区信濃町一八
電話　〇三―三三五三―六一一一（大代表）

印刷・製本　図書印刷株式会社

＊

落丁・乱丁本はお取り替えいたします

定価は表紙に表示してあります
ISBN978-4-412-01634-7